奧丁股票聖典之
山川戰法全書

著—**奧丁**

LINE社群「奧丁期貨當沖社群」版主

U0029772

掌握人心，才能掌握股市！

撰文◎ 神光.嘉.

我從 30 餘歲就進入股市進行投資，參加過二次投顧，結果都是慘虧收場。後來我開始閱讀有關股市技術的書籍，依舊不得要領。之後我就開始尋找名師跟隨學習，其中陸續跟過幾位老師學習技術，為了上課，甚至曾經每週搭夜車到台北去學習技術，但始終不得要領，賠多賺少。

直到 2020 年 9 月加入奧丁老師的 LINE 社群，每天看老師解盤、po 學員的對帳單（驚人的買菜錢）、每天 +1、+2 獲利的同學有一整排。奧丁老師的學員獲利驚人，真的令人難以想像，我在群裡觀察了 1 個多月，才在 2020 年 11 月正式加入。

起初看了老師的錄影，每天聽老師盤中即時解盤，聽得似懂非懂；經過數個月，終於開始進入狀況，慢慢聽懂

老師所說的技術與表達的意思。

　　老師的技術，是集百家之大成，更難能可貴的是，他了解主力的心態、市場散戶的心態、洞悉籌碼，知道莊家的布局。奧丁老師每天教導，不分日夜，經過數個月的學習，我慢慢了解交易的真諦是什麼，並將這些技術與以前的技術作整合，將其應用在股票的操作，非常的好用，而且有了不錯的獲利。

　　十二萬分感謝奧丁老師每日不厭其煩的教導，讓我能學會老師的技術，並改變我的人生。這本書是老師出的第二本書，有緣的讀者若看到這本書，表示您的人生將徹底改變；當您能得到奧丁老師書中的祕密寶藏，這份寶藏將帶給您無比富饒的人生。

證券-已實現損益查詢　　查詢條件

重新查詢　　下頁

筆數:22(頁次 1/2)
總收入:38,116,319　總成本:28,925,598
總損益:9,190,721　總報酬率:31.77%

明細	成交日期	股票名稱	交易類別	成交
明細	2021/07/02	慧洋-KY	現股互抵	1,
明細	2021/07/02	慧洋-KY	現股	1,
明細	2021/07/05	燁輝	現股互抵	2,
明細	2021/07/08	台半	現股	1,
明細	2021/07/09	慧洋-KY	現股	1,
明細	2021/07/12	燁輝	現股	1,
明細	2021/07/12	允強	現股	2,
明細	2021/07/12	萬海	現股互抵	25
明細	2021/07/12	台半	現股互抵	1,

領略量之奧義，操作更上層樓

撰文◎ 華麗轉身

　　以前在操作股票期貨、或海外期貨時，我總是喜歡蓋牌，因為獲利並沒有想像中那麼好。當時我輾轉看了一些書籍，對於書中的技術，雖然都能融會貫通，但總感覺好像還缺了一些很關鍵的元素或概念。

　　這幾年一直操作下來，我始終隱約覺得，成交量是一個重要因子。但是翻遍坊間大部分書籍，雖然著重在技術分析，談的內容大多是價格預測與資金策略，鮮少有提到作者對於成交量的看法。

　　在一次偶然的機會下，我看到奧丁的網路教學，其著重點就在於量，因為他認為量是一切操作的根本。於是，抱著姑且一試的心態，我開始去聽、去學奧丁老師的技術。

如同奧丁所提及，成交量確實是一切技術操作之根本，所有價格的反映，都可經由成交量看出端倪。於是，我試著將所學搭配奧丁的量之定義，相互整合起來，果然我的獲利也大幅度提升。

原來，如同奧丁所言，量才是真實反映價格，所有的技術分析，都是要以量為主，用量去決定價格型態，這才是最正確的操作邏輯。

自從學會了奧丁老師關於「成交量」的技術，我終於明白奧丁講的成交量，可以真實的反映出人性的貪婪跟恐懼，顯照在 K 線上，也對應所有我學過的技術分析理論。

正因如此，本書讓我在操作上能更上一層樓，華麗轉身！

即時損益加總(A+B+C+D+E):8,054,365
未實現損益(A+B):8,054,365
已實現損益(C+D+E):0
今日未沖銷昨日庫存部位(A)

明細	帳面市值	總損益	損益率%
明細	30,058,075	+8,054,365	+36.6

投資前先學風險控管

撰文◎ 黃怡真（群益金鼎證券副總裁）

在十大建設的年代，經歷胼手胝足、認真儲蓄幾十年的累積加上銀行的利息，的確讓我們有機會安享富足的退休生活；隨著時代不斷推進，更多的新技術誕生，物質生活更加充沛，社會整體逐漸脫離吃不飽、穿不暖的日子。

但我們也同時面臨了更重的家庭負擔，高齡化的社會以及最重要的——低利時代的到來，過去年化報酬率5%可能可以靠著定存、靠著儲蓄險達成，但現在5%已成為需要靠著投資、需靈活運用財務才能達到的數字。這讓人們開始關心透過怎樣的管道能有效運用自身財務，其中「股票市場」成為台灣人最主要的選項之一。

多數人害怕股市的風險，是因為不清楚自己到底在做什麼，沒有明確的策略，便很容易成為股市中的「韭菜」；

而奧丁老師則是為我們打開這個名為投資與投機的大門，希望透過此書傳遞經驗與想法，讓更多人能在股票市場上拿到屬於自己的那份超額報酬。

認識奧丁是從 LINE 社團開始，在社團中多年，也看到奧丁對於交易的獨到見解，對於風險的控管相當注意，堪稱是一位成功的交易者。市場上股票相關的書籍相當多，但奧丁將他獨門的投資方式剖析給有緣的書友，提供成功的範例讓大家複製。

奧丁常在社團開玩笑說，他都是賺「買菜錢」，但這其實是一個有紀律及風險控管的投資方式。有時除了技術方法，心態也是重要的一環；風險控管一旦不留意，賺九次賠一次的虧損，往往會將之前的獲利悉數回吐。在風險控管這方面，奧丁也常用詼諧的方式提醒大家，讓投資人可以少走冤枉路。

本次的新書是以股票交易為主，在股票交易操作過程

中，不管主力或是法人，凡買過必留下痕跡，成交量才是一切，有量才有價，金錢堆疊出來的型態才有意義，而均線就是金錢堆疊出的產物。由這基礎上去作追蹤，可發現許多蛛絲馬跡。「量為真，線為實，型為輔」，成交量為真實，均線是實際產物，而型態是輔佐，正是本書之精髓。

對於山川轉折在實際運作上，除非是透過反覆練習印證的成熟交易者，否則初學者很難駕馭；剛好群益提供了軟體系統的輔助支援，可以仿真山川轉折，讓整體學習效果提升，而群益的指標，也能用來印證山川戰法全書之分析，成為你的投資好幫手。

Contents

Chapter 1

正確判定趨勢，
重新認識股市
一張裸K圖，看穿基本功

Chapter 2

趨勢才是王道
**道氏理論高階應用篇——
高階均線用法**

Chapter 3

市場籌碼基本概念
金錢堆疊出的型態，才有意義

最平凡的技術，才最不平凡！

　　我是奧丁老師，跟許多人一樣，我生長在一個很平凡的家庭，沒有傲人的學歷，更沒有顯赫的成就，就是一個平凡人。

　　回想起國中時，我的國文老師出了一道作文題目：「我的志願」，相信大家也都寫過。記得當時我是班上的最後一號，也是最後一個上台報告的；而我的願望，只是想要當一個平凡人，然後在家鄉好好的過日子，如此而已。

　　當我講完我的志願，國文老師氣瘋了，他認為我年紀輕輕就這麼沒有志氣，實在不可取。

　　進入社會後，我開始工作賺錢。為了工作的緣故，為了生活，離鄉背井來到台北這個繁華的都市，這才逐漸明瞭一些學校從來沒教的事──「錢難賺，生活大不易」。

　　每夜輾轉反側，我想了又想，以我的能力，已經不可

能在本業上加薪；要改善生活條件，只能想辦法從股市賺到錢。雖然不滿足本業上的收入，但也無可奈何，唯有股市是增加收入的唯一選擇。相信許多朋友跟我一樣，也曾經面臨如此困境。「我只是想在股市中，替自己增加收入」，這就是平凡的奧丁踏入股市的初心。

一開始投入股市，我跟大多數股友一樣，總覺得只要學會不平凡的技術，就能夠在市場上獲利。

但經過這麼多年來的股市洗禮，我才發現，**最平凡的技術才是最不平凡，才能幫助自己創造最不平凡的收入。**而這本書所解說的，就是一個看來平凡，卻能夠幫助大家創造最高報酬率、幫助大家在股市一路走向不敗的技術。

我可以放下工作、只靠股市嗎？

要當一個快樂無憂的平凡人，是一件多麼不容易的事，這是心境問題。

也許有人不認同這觀點：「股票跟期貨是窮人致富的捷徑」。是的，有些人不懂技術分析，只會人云亦云，只想聽別人報明牌，自己卻不用功；這樣的態度及想法，害慘了許多人。

請問，在股票、期貨市場真正致富者有幾人？一萬人中有幾人真正賺到錢？雖然沒經過實際的統計，但我想應該不多，或許只有一個吧！是的，只有一個，那你會是那萬中選一的幸運兒嗎？如果不是，那是不是應該乖乖的回去職場工作？

擁有一份穩定的工作，在心理層次而言，操作股票時相對比較沒有壓力；這十幾年來我看過太多真實案例，當操作上一旦產生壓力，往往就是走向敗亡的開始。

也許有朋友會這樣問，「那我不貪心，每天只要在期貨市場賺進 30 點就夠了，我就不必看老闆臉色、不用辛苦工作、不用輪三班制。」但事實真是如此嗎？

行情原本就有高有低，操作時的人性，必定夾帶著些許情緒與壓力，一旦加入情緒或者壓力提升，你的判斷往

往就會失誤，而操作風險更將大幅提升。一旦在市場中失敗了，你的人生將由彩色轉為黑白。

因此可以說，殘酷的金融市場，並不是每一個人都適合進入。當你決定要開始進入股市時，是否該留給自己一條退路嗎？每一個人都希望能在市場上獲利，但總有輸家，如果你的性格並不適合這種投資方式，是否應該放下執著與癡迷，去選擇其他更適合自己的路？

所謂「穩定操作」的第一要件，就是先維持穩定的工作收入，才能讓自己無後顧之憂。

本書承接我 2021 年第一本著作《奧丁期貨聖典之山川戰法全書》中所有的應用技術，因此在您開始閱讀本書之前，煩請參閱第一本書的內容，運用上才能達到事半功倍的效果。

相信當您把本書中講述的技術融會貫通、化為自己的實力後，必能在股市中選對股票，找到進出場的最佳時機，百戰百勝。

01 正確判定趨勢
重新認識股市

一張裸 K 圖，看穿基本功

01 正確判定趨勢，重新認識股市
一張裸 K 圖，看穿基本功

　　所謂「打底千日，只為一朝飛上九雲彩」，我在股市鑽研這麼多年，深知想在股票投資上獲利，一定得先練好基本功；而要打好技術分析的基礎，絕非一蹴可幾 。每位進入股市的人，都想要在股市發財，但自己卻又不好好研究，可謂一般人的通病。

　　我接觸到的大多數人，從來不曾在股市技術分析方面作研究 ，只想聽什麼什麼老師的明牌，只會討論哪家公司獲利多少、哪家公司有主力進場操作，以及要炒到多少目標價……。

　　更有甚者，有些人只求速成，買了一些套裝的分析軟

體作投資依據，以為只要看到紅買綠賣就能獲利。但事實上，從我已知的數據及訊息來看，這些人從來沒有在股市中真正賺到錢，每隔一段時間，就自己從股市中宣告畢業。

股市中永遠不缺菜鳥、新人，散戶被「割韭菜」的劇情一再重覆上演。懇請讀者們看完這個章節後，能夠有所省思——**想要在股市獲利，只有從技術分析下手。**

我們這些平凡人，沒有電話線，更沒有國際線，一切只能靠自己，這就是我奧丁的信念：**「凡事靠自己」**。

真有本事，還是虛有其表？

多年來，我曾經測試許多所謂的「股市高手」，拿著一張裸 K 圖請教他們：如何從圖中判定多空？許多所謂高手就語塞了，或者講也講不出個所以然。

股市投資，一開始就要打好技術分析的基本功。很多人都學了一套、甚至一套又一套的交易邏輯，但很少有人是從打基礎做起。說穿了，他們就是跳著學，以至於沒有厚實基礎，自然無法洞悉股市的變化，達到「以一化萬千，破一切諸相，見諸相非相，既見如來」的境界。

　　我們看看以下的裸 K 圖，請問讀者，你們看到了什麼？

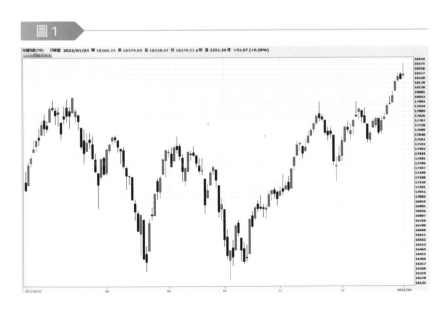

圖 1

從如何去判定「趨勢」，就可看出一個人在技術分析上達到了什麼樣的境界。上圖範例沒有任何技術分析指標，就只是一張單純的 K 線圖，那我們該如何斷定多空的走向？

簡單來說，就是遵循道氏理論的邏輯：

· **高過高 ，低不破低 ，趨勢向上**

· **趨勢向上過程中，低破低，轉折向下是徵兆**

· **低破低 ，高不過高 ，趨勢向下**

· **趨勢向下過程中，高過高，趨勢向上是徵兆**

有經驗的股市操作者，一定很快就能理解，無論大盤或個股，都是以此循環，多空輪替，多空交替在於「高過高，或低破低」，就是轉折，也就是俗稱的**「頂頂高，多方趨勢，底底低，空方趨勢 」**。道氏理論的精華，便在以上四句口訣中。

我們再把以上裸 K 圖範例整理，成為以下圖例，讀者們就可看出趨勢走向。

圖2

或許你會有點不知如何判斷：「前高與前低，須要收上或者收破嗎？」「低破低與高破高，須要收盤價收上嗎？」普遍來說，這就是一般操作者會有的困惑。

依照道氏理論，它只講高低價格；而 K 線理論只運用

收盤價格來確認型態。我們要判定股市趨勢，當然要運用道氏理論的高低價格，而非 K 線理論的收盤價格。

因此，**指數高點被觸及穿越一點，或者指數低點被觸及穿越一點，就算突破**。在技術分析的基礎中，這點必須被明確規範。

目前在市面上流傳的技術分析理論，大致上都不成熟，無法作出一個有效的操作 SOP 流程規劃，以致於在學習中會出現相當多的盲點與不解之處。而本書的目的，就是希望協助讀者制定一套技術分析流程，以此為基礎，更進階成為股市贏家。

趨勢反轉行進間，反彈波與回升波之判定

在此提供讀者們判定反彈波及回升波的口訣：**反彈波變回升波，前高過，趨勢轉**。這時要作成上漲空間的規劃，我們用以下範例說明。

圖3

交易日期：2021 年 1 月 4 日至 2 月 25 日

從以上大立光 (3008) 個股日線為例，可以清楚看出圖中標示的 A 位置，與前高的高點相同，所以這不是突破前高位置；B 位置才是突破前高。在型態上 ，前高之前叫反彈波，拉過前高後才叫回升波。這一點，請讀者們務必謹記在心。

　　我們更仔細來看，B 點的突破狀態，是跳空的型態而且帶量長紅，在轉折點出現所謂強勢型態，而後勢就是三白兵呼應（請參閱奧丁老師 2021 年著作《奧丁期貨聖典之山川戰法全書》），因此符合回升波投資走勢規劃。

圖 4

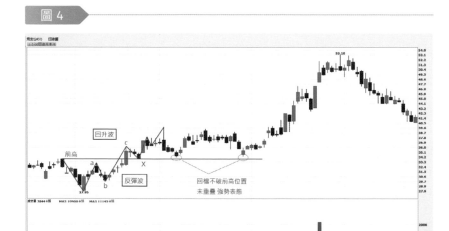

交易日期：2021 年 9 月 28 日至 11 月 2 日

　　從以上飛宏 (2457) 個股日線為例，可以清楚看出圖中標示的 C 波，在突破前高點之前，判定都是反彈波；要拉過前高之後，才是回升波。這是一個很標準的範例。

　　圖中突破前高那一根長紅 K 棒 的 X 點處，就是帶量攻擊收上之後回檔，守住了前高位置，但形態未重疊。其後走勢呈強勢上升表態，完全符合回升波的走勢規劃。

趨勢反轉行進間，回測波與回跌波之判定

在此提供讀者們判定回測波及回跌波的口訣：**回測波變回跌波，前低破，趨勢轉**。這時要作成下跌空間的規劃，我們用以下範例說明。

圖5

交易日期：2021 年 2 月 25 日至 5 月 12 日

　　接續之前我們討論的大立光 (3008) 個股，可以看出下跌波在 A 位置出現時，打破了原本規劃中的回測波，而轉成一段回跌波。下跌過程中，高點不過前高，趨勢還是空方。

　　但 B 位置是一個反彈波，在價格未過前高之前，都是反彈波；之後在 C 位置破低，趨勢持續往下，符合下跌波規劃。

圖 6

　　再用以上建準 (2421) 個股日線來說明，從高點回落未破前低前，統稱回測波，破前低之後統稱回跌波；名稱的轉變，關鍵在於前低位置的跌破。前低位置就是趨勢扭轉的關鍵價位，破與不破都是關鍵。

　　所以，操作者要注意「跌破與收上的 K 棒出現什麼樣的變化」。以上圖例是以跳空方式跌破，在這個過程中強

烈表達出空方趨勢，其後走勢的回跌波，跌勢兇猛，呼應破前低的強力空方表態。

從上述兩個例子我們可以推定，初期在作投資規劃時，都是先視趨勢為反彈波或回測波，之後前高或者前低被觸及或突破，也就是趨勢破壞 K 棒（我們俗稱的關鍵 K 棒）出現時，這時候才會轉為回升波或者回跌波的操作規劃。

順勢而為，作好投資操作規劃

反彈波轉回升波

用以下反彈波轉回升波圖例來說明，讀者們可以清楚的了解，該如何在此趨勢下作出投資操作的初始規劃。

圖7

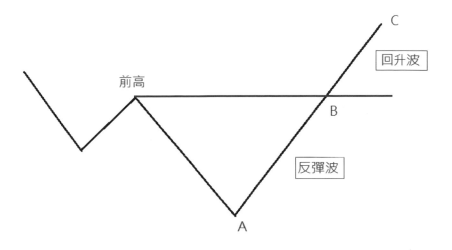

前高　C　回升波　B　反彈波　A

　　從 A 到 B 這一段，就要作反彈波的規劃；從 B 到 C
這一段，就要作回升波的規劃。隨時注意自己處於何種趨
勢中，順勢操作，就能提升在股市中的勝率。

圖 8

交易日期：2021 年 9 月 27 日至 11 月 29 日

　　從以上長榮 (2603) 個股日線為例，我們可以清楚看出，當突破股價前高之前，A 至 B 的區間就是反彈波；當股價突破前高之後 ，這時反彈波轉為回升波，也就是 B 至 C 的這段區間。

　　從 A—B—C 劃分成反彈波及回升波，在 A 至 B 區間，

主力作價買股，作出攻擊型態；之後 B 至 C 區間，出現
價格回升上漲段。

交易日期：2021 年 8 月 30 日至 10 月 14 日

再從以上範例佳世達 (2352) 日線個股來說明，我們可
以很清楚的看出，當股價突破前高之前，A 至 B 的區間就
是反彈波；當股價突破前高之後，在 B 至 C 的區間，反

彈波轉回升波。

從 A─B─C 劃分成反彈波及回升波，在 A 至 B 區間，主力作價買股，作出攻擊型態；之後 B 至 C 區間，出現價格回升上漲段。

回測波轉回跌波

用以下回測波轉回跌波圖例來說明，讀者們可以清楚的了解，該如何在此趨勢下作出投資操作的初始規劃。

圖 10

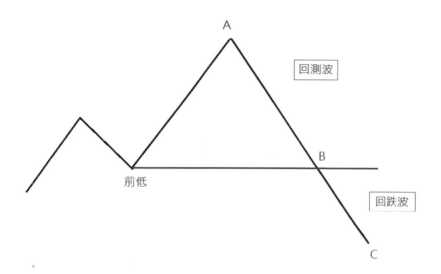

A

回測波

B

前低

回跌波

C

　　從 A 到 B 這一段，就要作回測波的規劃；從 B 到 C
這一段，就要作回跌波的規劃。隨時注意自己處於何種趨
勢中，順勢操作，就能提升在股市中的勝率。

圖 11

交易日期：2121 年 3 月 5 日至 5 月 4 日

從以上緯創 (3231) 個股日線為例，我們可以清楚看出，當股價跌破前低之前，A 至 B 的區間就是回測波；當股價跌破前低之後，在 B 至 C 的區間，回測波轉回跌波。

從 A—B—C 劃分成回測波及回跌波，在 A 至 B 區間，主力作價拋售，作出攻擊型態；之後 B 至 C 區間，出現

價格回跌下跌段。

　　如果讀者更仔細的去分析，會自圖例中發現一個比較有趣的狀況，就是當股價跌破前低之後，是**點破而非未收破**，短線並未立即下跌，反而被拉起來。

　　由此看出，點破與實破在氣勢上有所差距。實破威力比較強，所以點破之後，多方出現反彈，會有機會出現一波逃命波，讀者須留意。

圖 12

交易日期：2121 年 8 月 20 日至 10 月 13 日

　　從以上中鋼 (2002) 個股日線範例， 我們可以清楚的看出，當股價跌破前低之前，A 至 B 的區間就是回測波；當股價跌破前低之後 ，回測波轉回跌波，也就是 B 至 C 這段區間。

圖例中比較值得注意的，是**跳空破前低位置**，這是一種多空形勢的強力表態，即將出現明顯下跌走勢。

　　在實際的操作上，前高與前低都是關鍵位置，但破與不破，都會出現關鍵 K 棒，而且破與不破的當下，價格的波動都會產生加成效果。學習看出這一點，是加強對股市敏感度訓練。

　　總結本章，在此提醒讀者，在股市操作上，對於反彈回升或者回測回跌，一定要有清楚的認知，並且確實知道自己處於什麼趨勢中，才能作出一種明確的交易規範；簡單來說，就是作出有利於自己的順勢交易法則。

　　預測股價與順勢交易，哪一個比較難？這就只有那些真正體會操作真諦的人，才能明白。

　　作者本身在股市操作這幾十年來，深刻了解，作出趨勢的正確判定，才是最難的。許多人在初始進入股市時，

所學習者都是價格型態的演算，卻很少重視何謂趨勢預測。

　　逆勢操作與順勢操作，雖然各有各的市場，「**順勢交易才是王道**」。因此建議各位，對於趨勢判定要具備一定的邏輯概念，才能確保出入股海平安。

02 趨勢才是王道

道氏理論高階應用篇——
高階均線用法

02 趨勢才是王道
道氏理論高階應用篇——高階均線用法

移動平均線又稱為**均線**（簡稱ＭＡ），代表**過去某一段時間裡的平均成交價格**。均線最主要的目的，是用來**判斷趨勢或成本**，通常是預期市場現在與未來可能的走勢。

均線正確用法

在這數十年股市交易經歷中，我也曾去尋找均線中那條所謂的神祕線，也就是許多股友說的主力線，因為主力作價是靠某一條平均線作為成本基礎。

這類的傳說確實存在，但每一檔股票背後的主力不同，

主力線也跟著不同。有人用 18 均線，有人用 45 均線、或 100 均線來分析，但哪一條均線並不重要，**重要的是慣性**。

什麼是均線慣性（亦即主力慣性）？我打個比方：某一個主力想要傳達訊息給另一個主力，總不能打電話通知，因為這可能涉及內線交易；但他可以透過市場傳達給對方，這是一種灰色地帶，他可以用均線或成交量來傳達。成交量這部分之後章節我會再講述，在此只談主力慣性。

我只用最普通的 5 均線、10 均線、20 均線這三條均線，作為交易基礎，如以下圖例所示。

圖1

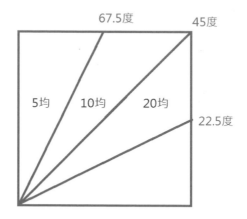

· 5 均線就是 67.5 度仰角攻擊線，攻擊角度在 67.5 至 90
　度之間

· 10 均線就是 45 度正常上漲線，攻擊角度在 45 至 67.5 度
　之間

· 20 均線就是 22.5 度緩步上漲線，攻擊角度在 22.5 至 45
　度之間

　　而這三條均線代表何種意義呢？

5 均線——短線者的天堂

5 均線仰角攻擊線，就是主力控盤的均線。這一個接近垂直上升的走勢，代表短線操作者的契機。主力所作出的痕跡，就是透過市場傳達訊息給另一方：「我們開始拉抬了。」這也是作手的傑作。

所以這一條均線格外重要，因為出現這條均線的股票，就是有主力進駐；大家也了解，沒有主力進駐的股票，股價的表現總是雲淡風輕，食之無味，棄之可惜。

圖 2

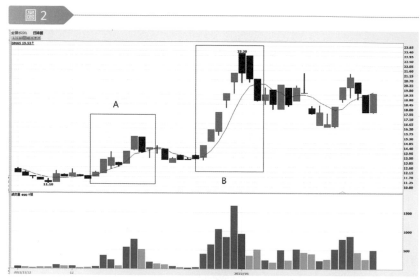

交易日期：2021 年 12 月 3 日至 2022 年 1 月 5 日

　　從以上全譜 (6228) 個股日線來看，在此用很簡單的一條 5 均線來說明主力控盤手法。

　　A 框內收上 5 均線時，多方開始強力拉抬，直到收破 5 均線才停歇，這就是所謂的仰角攻擊線，也就是主力控盤線。作為股票短線交易者，對於 5 均線的熟悉度一定要加強再加強，因為這是短線交易獲利的契機。

B 框是主力發起的第二波攻勢，一樣是收上 5 均線開始往上攻擊，直到 5 均線收破後才結束。

在這範例中，主力共發起 2 波攻擊。這是一種常態，主力不會一次性作價，而會分兩階段攻擊。至於要如何破解並找出主力飆股，會在之後「成交量」相關章節來論述。

圖3

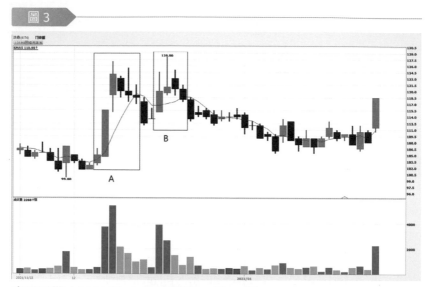

交易日期：2021 年 12 月 3 日至 12 月 21 日

　　從以上浩鼎 (4174) 個股日線來看，A 框內收上 5 均線時，多方開始強拉，直到收破 5 均線才停歇，之後發起第二波逃命波攻勢。

　　B 框是主力發起的第二波攻勢，一樣是收上 5 均線開始往上攻擊，直到 5 均線收破才結束。

這兩個範例，都是發起 2 波攻擊波，是相當好辨識的主力股票。也就是說，要辨識這支股票是否有主力進場，仰角攻擊就是最好的方法。

　　作為一個短線交易者，要熟悉仰角攻擊的慣性，這樣就能抓住噴出的行情，享受這份股價噴發的快感。

　　一理通，萬理通。如果讀者有學過江恩理論中隱藏的技巧（空間走道），就能很快的明瞭這個概念。在某個時間內，股票價位會依一定速率前進，前進時所形成的區間，就是「江恩空間走道」。

　　如同均線的上漲空間速率，當跌破時間與價位的轉折點（簡言之就是跌破均線），速率就會改變。這就是均線的高階用法，如同江恩理論的空間走道用法一樣，洞悉主力慣性的強弱轉折，進出自然平安順遂。

10 均線——主力的代表作

10 均線通常代表正常走勢，攻擊角度在 45 至 67.5 度之間，這種代表的是一年作一波的股票。

主力不想用仰角攻擊、垂直爬升的方式前進，因為不想被股民發現，所以只能鴨子划水。底部吃不夠貨，他們就不會輕易發動攻擊。

這些股票，通常是以業績成長不錯的公司為主，因此可作為一年一波長線股的投資標的。

圖 4

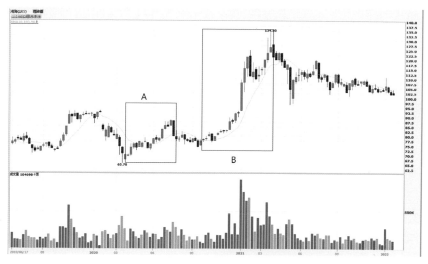

交易日期：2020 年 3 月 23 日至 2021 年 4 月 26 日

　　從以上鴻海 (2317) 個股週線來看，可以用很簡單的一條 10 均線，來解釋何謂業績成長股。

　　圖例中 A 與 B 不同之處，在於 A 是底部爆量，收上 10 均線後確認落底，之後回測破 10 均線，也就是市場中俗稱的「甩轎」。

而後作出第二波攻擊，這種緩步上漲的股票，都須要耐心去等待。主力操作股票時，通常都是以週期一年作一支股票為代表作，而特徵就是用週線的 10 均線，配合業績題材作為買賣依據。

　　大家只要留意底部爆量收上週線 10 均線，搭配觀察基本面的業績量即可。

圖5

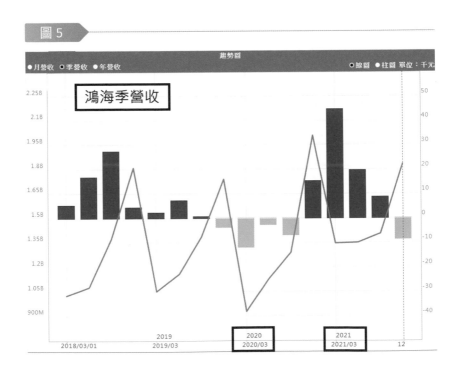

從以上鴻海營收圖來看，鴻海在 2020 年事業處於低潮，隔年 2021 年營收大躍進，股價也確實在 2020 年落底，底部爆量。股市中總是不乏先知先覺的人，總是可以買在最低點。

鴻海在 2020 年 3 月落底 65.7 元之後，一路緩漲，來到隔年 2021 年 4 月的 134 元，再參考其基本面，可以確定，鴻海是業績成長、否極泰來的股票。

要找股票，就是要找這一種轉虧為盈的題材，股價才會上漲。本書不詳解基本面的介紹，只介紹股票的合理價格計算及運用。

圖 6

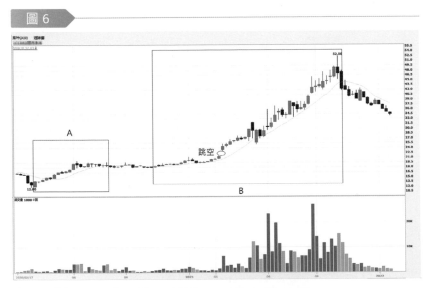

交易日期：2020 年 3 月 23 日至 2021 年 10 月 18 日

　　從範例燦坤 (2430) 個股週線來看，可以用很簡單的一條 10 均線，來解釋何謂業績成長股。

　　圖例中 A 與 B 不同之處，在於 A 是底部爆量，收上 10 均線後確認落底，之後回測破 10 均線，股票進入時間整理。

　　之後作出第二波攻勢，第二波攻擊比較明顯的，在於跳空型態的出現，之後就是主力一年作一波股票的行情。

圖7

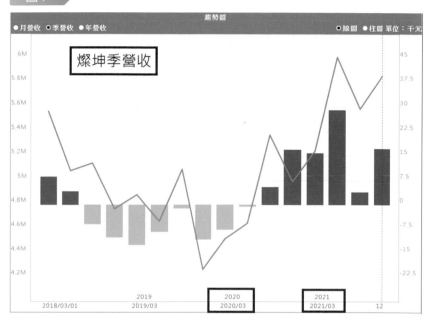

趨勢圖

●月營收 ○季營收 ●年營收　　　　　　　　　　　　　　　　○線圖 ●柱圖 單位：千元

燦坤季營收

　　燦坤在 2020 年 3 月落底 12 元之後一路緩漲，來到隔年 2021 年 10 月的 52 元，配合以上燦坤營收圖，燦坤的確從 2020 年的低潮走出，在 2021 年業績爆發成長，這也驗證了我們的理論是正確的。

　　「外行看熱鬧，內行看門道」，我們接下來談談主力的噩夢——融資。

從燦坤週線圖來看，2020 年 6 月到 2021 年 3 月，市場盤整了整整 9 個月。這段期間，所有投資散戶的信心全數耗盡，待散戶潰堤離場之後，用跳空的型態結束盤整。這過程當中到底出了什麼事？問題就在融資。

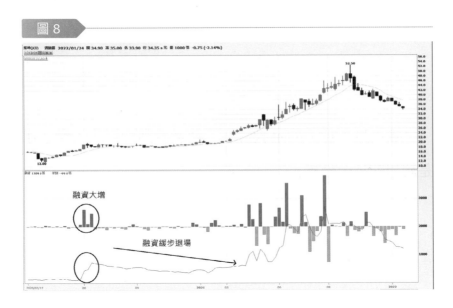

圖 8

　　從以上圖例中，聰明的讀者，可以很清楚的看出發生了何事：散戶的代稱叫融資，融資大增，代表散戶進場，

焦點集中在這檔股票上。融資大增，籌碼凌亂，假設你是這支個股的主力，運用市場心理學便知，將股價拉起來，誰會獲利？那主力要如何逼退散戶融資？

換從另一個角度來看，主力進場了，也不可能讓這支跌吧？若是跌到自己帳面上有損失，要如何對金主交代？因此，要讓股價下跌、抑或盤整，考驗著控盤者的智慧。等待是一種藝術，這就是技術分析的精華之處。

融資是「量」的定義之一，請讀者們切記，**「量」才是絕對的技術分析。**

交易日期：2021 年 5 月 11 日至 5 月 17 日

　　2021 年最火紅的個股是航運股，這一年價量噴發，出現史上最大多頭，股價一路飆升；但股價也不是一次噴到頂，圖中的這個回落很戲劇化。但請讀者仔細看，在 2021 年 5 月 11 日出現高點 100 元之後，股價回落，短短 4 個交易日就回檔到 63.1 元。股價下跌接近 4 成，這足以讓投資者信心崩潰。

這中間發生了什麼事情？是營運不佳嗎？船沉了嗎？還是業績下滑？都沒有！其實這只是主力單純要殺融資而已。融資在這 4 天內清理完畢，不久後股價又再創高。

那麼被殺在低檔的投資者，豈不是很扼腕嗎？這就是股市，一個爾虞我詐的世界。股價要跌、要漲，絕非靠基本面就可以決定；而漲跌的原因，都可以用技術分析來解釋。**成交量代表了一切**，本書就是揭開這祕密的一本書。

20 均線——風輕雲淡定存股

20 均線就是定存股概念，攻擊角度在 22.5 至 45 度之間，作價差就不必了，免得浪費時間。

這種股票，股價長時間在原地打轉，融資也少，籌碼相對乾淨，特徵都是股本大，沒有主力進駐。

但定存股是這幾年流行的**趨勢**，也是未來股市的王道。畢竟散戶在股市成為**贏家**的並不多，坊間關於定存股的書，概念齊全且豐富，在此就不贅述。

　　但定存股是未來散戶致富的一項重要項目，我提供讀者們一個小技巧，作為進場依據。

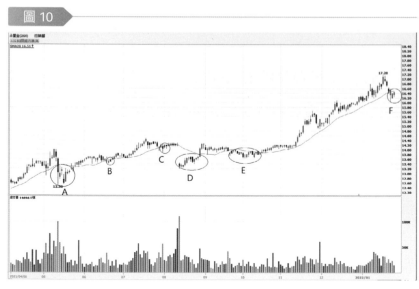

圖 10

交易日期：2021 年 5 月 12 日至 2022 年 1 月 26 日

從以上永豐金 (2890) 個股日線來看，可以用很簡單的一條 20 均線，來解釋定存股的作法。

20 均線在技術分析上，代表多空分界點，是一支股票的多空領域，但實務上我們需要更精進的去理解。

對於定存股概念，特性是長期穩定、獲利成長，只會短暫進入空頭走勢，之後就會出現長期多頭。長期多頭的出現是因為填權填息，股價仍在 20 均線緩步推升。

因此，只要股價跌落 20 均線以下，都是買進訊號；這也符合一般小資族特性，將每個月存下的收入留下，等待時機進場。

從永豐金的範例看出跌落 20 均線的標示，A—B—C—D—E—F 就是進場點，一整年都有機會。「長期持有，穩定配息」，就能達到財富自由的目的。投資這種定存股，需要毅力與耐心，並不適合短線交易者。

圖 11

交易日期：2021 年 5 月 12 日至 2022 年 1 月 26 日

　　從以上合庫金 (5880) 個股日線，可以用很簡單的一條
20 均線，來解釋定存股的作法。

　　小資族所需的，就是累積資金，等待進場機會。如圖
例所示 A—B—C—D，跌破日線 20 均，就是進場依據，也
就是技術分析所說，「等待是一種藝術。」

許多人想要在市場獲利甚至致富，但成功的畢竟是少數；用最簡易的日線20均線作進出搭配，藉助定存股概念，一樣可以幫助你通往富足之路。而你所要付出的成本，就是累積資金及耐心等待。

現在的年輕人，很少能有一大筆錢投入股市，唯有積沙成塔，慢慢累積資金，20年後你會看到豐碩的成果。別懷疑，只要一開始就不會後悔的定存股投資，就是20年起跳！

量為真，線為實，型為輔

總結本章，**利用均線慣性（主力慣性），就可以輕易看出一支股票的特性，而這特性鎖定了控盤者的心態。**

投資者要作價差，或追逐業績成長股，或維持定存股

概念，對於技術分析而言，這是個人屬性的問題。每個人因為天生個性或思維邏輯不同，加上後天環境影響，因此適合不一樣的投資方式。

但是，請認真看待股市這金錢遊戲，在股票市場能贏是高中程度，期貨市場能贏是大學程度，選擇權市場能贏是研究所程度，投入前務請衡量自己的能力。

以股市而言，不過就是漲、跌、盤三種型態，排除盤整，勝敗機率應是 50％，為何輸家還是這麼多？這就值得深思了。多數人都把股市想得太簡單了，自己的投資屬性都不了解，也不肯重視自身的客觀條件，只想著輕鬆獲利，總覺得：「別人可以，為何我就不行？」

請大家思考一下，別人付出多少在學習上？而又你付出了多少？從均線的交易分析，就可以斷定你的投資屬性，因為均線就是人心的寫照。請讀者們好好思考這問題。

身為一個專業的交易者及操作者，對於股市要懂得「**看盤、解盤、作盤**」三種領域，這樣，才能在股市中存活下來。

　　均線就是看盤要領。均線是河流，K 線是船，這是一條會移動的趨勢線，此即為交易之真諦！

　　教導這麼多學生時，我總告訴大家，我不用趨勢線，而是用均線取代；當然這會引發許多爭議，畢竟自有其他派別使用趨勢線。我之所以不用趨勢線，主因在於它沒有成交量支撐。

　　沒有成交量的支撐與壓力，如同煮菜不放調味料，空洞且無味，自然無法體會箇中滋味。**所有金融商品的操作，要以成交量作為依據，用成交量去看型態，而不是用型態去看成交量。**

　　以往初學者在開始學技術分析時，總是用型態來決定價格及方向，鮮少有投資者會用成交量來決定型態、價格

及方向。

而許多讀者在技術領域兵敗如山倒，往往是由於觀念錯誤，沒有成交量的分析，就不是完整的操作準則，當然更無法了解技術分析所蘊含的心理意義，我稱之為股市心理學。

請切記，在整個交易操作過程中，成交量才是一切，金錢堆疊出來的型態才有意義，而均線就是金錢堆疊出的產物。**「量為真，線為實，型為輔，」亦即成交量為真實，均線是實際產物，而型態是輔佐。**

本書中不會特別提到下跌的個股，因為只要將多方型態反轉，就是空方，操作原理並無不同。

並且，為何我不會特別提下跌的股票？在世界各國，炒股是正常行為，把股價作高都沒事；當禿鷹狙擊股票，導致股票下跌，長官通常就會請你去喝咖啡了。因此世界

各國的主力，通常以作多為主，只有在期貨市場，多空慣性才常會出現（請參閱奧丁老師的《奧丁期貨聖典之山川戰法全書》）。

股海浮沉，希望大家都能成為勝利的一方。

03 市場籌碼基本概念

金錢堆疊出的型態，才有意義

03 市場籌碼基本概念
金錢堆疊出的型態，才有意義

　　均線代表金錢的累積與堆疊，呈現出的就是支撐與方向。對股市的控盤手而言，控盤成本大致上以 20 均線作為多空分界點，也就是我們說的月線；然而均線呈現方式會有不同，於是產生了「均線型態學」。

　　把均線看成型態，有前高前低之分，就可輕鬆理解。

如何判讀趨勢？

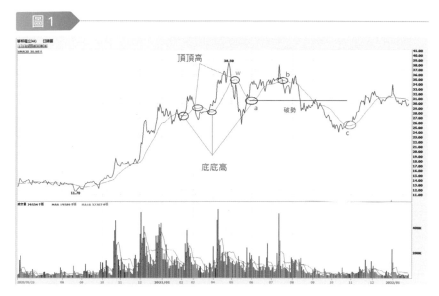

圖 1

交易日期：2020 年 08 月 21 日至 2021 年 10 月 25 日

　　以上是華邦電 (2344) 個股日線，可以用很簡單的一條 20 均線來解釋多空轉折。

　　這圖例對初學者來說應該很陌生，它並不是以 K 棒為主圖的交易圖形，而是以收盤價連線所組成的線圖。

　　類似江波圖概念，先捨去 K 線傳統圖形，把 20 均線

當作是型態，趨勢看法如下：**前高就是頂頂高，前低就是底底高，即為多方趨勢。**

頂頂高搭配底底高，不看 K 棒型態，很容易清楚看出這是多方趨勢。反之，頂頂低搭配底底低，就是空方趨勢。均線趨勢斷定就是如此去判定，當轉折趨勢形成：

- 多方趨勢，底底低被擊破，也就是型態前低被穿破，轉空方趨勢
- 空方趨勢，頂頂高被穿越，也就是型態前高被穿越，轉多方趨勢

當均線跌破 a 所在位置，產生破勢，就是趨勢反轉的時候，之後形成下跌 a—b—c 波，而 w 與 b 位置，在型態上來說就是 M 頭型態。使用均線就可輕易看出型態，這對於初學者而言，是一項簡易的操作技術。

當我們在判定趨勢，對於型態有時會有模稜兩可時，

這時均線就提供一明確可信賴的線索。因此初學者不妨先以均線作為型態學的基礎，熟悉多空趨勢的判別後，再轉換學習 K 線型態。

均線型態學

請務必熟記均線型態學的訣竅：

· **當均線前低未被點破之時，空方趨勢無誤**
· **當均線前低被點破，趨勢被破壞，就是空方走勢**

　　這是一定要熟悉的看盤要領，因為趨勢將決定你的思維高度與獲利程度。

圖 2

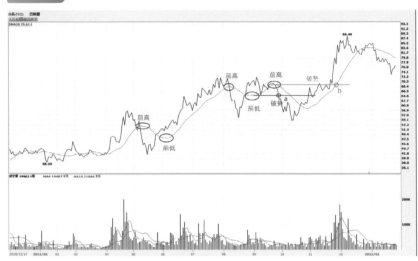

交易日期:2021 年 3 月 31 日至 12 月 27 日

以上是合晶 (6182) 個股日線,可以用很簡單的一條 20 均線來解釋多空轉折。將收盤價連線與均線結合,先將目光注意在均線的變化,一條 20 均線帶來多空分水嶺。

前低不破,多方趨勢持續。圖 a 前低破,產生破勢,轉空方。圖 b 前高過,產生破勢,轉多方,關鍵位置過與不過,皆是買賣依據。

均線形態學可取代傳統 K 線型態，去作多空轉換位置的最後確認。因此在練習盤感時，不妨多留意均線的型態學，以提升看盤之敏感度。

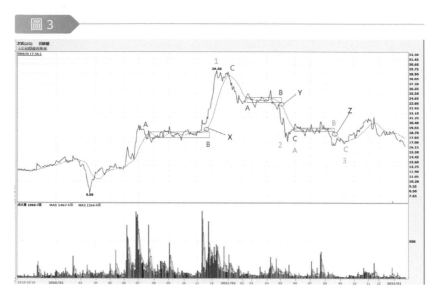

圖 3

交易日期：2020 年 3 月 19 日至 9 月 13 日

　　以上是友訊 (2332) 個股日線，可以用很簡單的一條 20 均線來解釋型態學的 A—B—C 波。

1. 第一個上漲 A—B—C 走勢，可以很清楚看出圖中 X 點突破了 B 區間盤整的高點，形成型態破勢，出現關鍵 K 棒，應該作出上漲空間規劃。上漲 A 波等於 C 波的上漲

幅度，股價漲幅一倍。

2. 第二個下跌 A—B—C 走勢，可以很清楚看出圖中 Y 點跌破了 B 波區間盤整的低點，也就是前低位置，形成型態破勢，出現關鍵 K 棒，應該作出下跌空間規劃。下跌 A 波等於 C 波下跌幅度，股價跌幅一倍。

3. 第三個下跌 A—B—C 走勢，可以很清楚看出圖中 Z 點跌破了 B 波區間盤整的低點（也就是前低位置），形成型態破勢，出現關鍵 K 棒，應該作出下跌空間規劃。下跌 A 波幅度的 50% 等於 C 波下跌幅度。

看完此範例，你是不是很驚豔？原來交易型態可以很簡單，只是有心人把它複雜化了。均線分析是許多人不入眼的技術，竟然可以輕易破解股票型態。

要知道，K 線是主力迷惑散戶的產物，很少人能輕易

看破主力的動向。想法改變，交易自然變得簡單。將心中的執著放下，只要熟練均線分析技巧，你也可以是交易大師。至於要如何找到均線一倍幅的股票，我將於之後章節詳述。

提醒各位，**不要輕忽不起眼的技術，只要熟練，你也可以是交易大師**。李小龍曾說過：「不怕練過一萬種招式的人，最怕把一種招式練一萬遍的人。」

許多人進入股市後，總覺得獲利很難，到處拜師學藝的結果，樣樣通卻樣樣不精，說得一口股市經，但操作上卻很糟糕。其實追根究柢，只要精通一招，把平凡招式學到精、學到透徹、學到極致，你也可以是贏家。

均線型態學之初階用法

扣抵轉折就是多空轉折，通往致富之門的扣抵概念——**「扣抵向上，扣抵向下，就是均線轉折之處，也就是多空轉折處」**，此為均線方向的簡易確認法。

初階用法——均線扣抵向上

均線由跌轉漲，就是扣抵向上，多方位置出現。

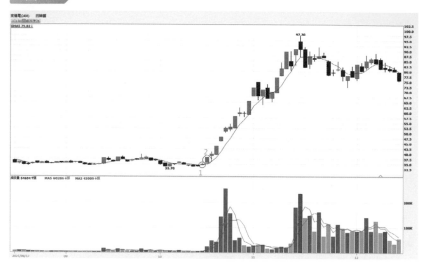

交易日期：2021 年 10 月 15 日至 10 月 18 日

　　以上是宏達電 (2498) 個股日線，在指標 1 部份，當時 5 均線是走跌，指標 2 中 5 均線由跌轉正。這兩個交易日，就是空轉多的均線轉折處。

　　運用方面，均線扣抵向上，就要買進；收破這一根 K 棒低點，就要停損。因為這一根 K 棒是均線關鍵 K 棒，此為初階用法。

初階用法——均線扣抵向下

均線由漲轉跌，就是扣抵向下，空方位置出現。

圖 5

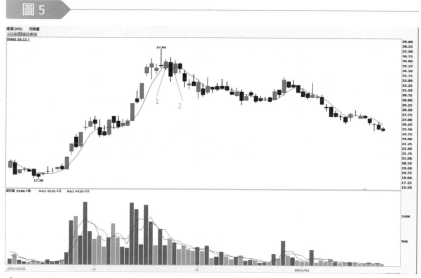

交易日期：2021 年 11 月 22 日至 11 月 23 日

以上是建漢 (3062) 個股日線，指標 1 當時 5 均線是走跌，指標 2 當時 5 均線由跌轉正。這兩個交易日，就是多轉空的均線轉折處。

運用方面，均線扣抵向下，就要賣出；收上這一根 K 棒高點，就要停損。因為這一根 K 棒是均線關鍵 K 棒，此為初階用法。

均線型態學之中階用法

利用簡單的前高、前低、M頭W底，來作中波段行情規劃，在此一一說明。

前高說明

圖 6

交易日期：2021 年 10 月 5 日至 11 月 03 日

　　以上是佰鴻 (3031) 個股日線，指標 1 是均線型態前高
位置；指標 2 顯示 K 線呈築雙底型態，但僅是支撐區，並
不是買進訊號；指標 3 則突破了均線型態前高，確認多方
位置。

搭配 K 線位置出現築雙底型態，加上均線型態突破前高，買點確認。經過雙重過濾判定，勝率大幅提升。

前低說明

交易日期：2019 年 12 月 2 日至 2020 年 2 月 10 日

以上是美律 (2439) 個股日線，指標 1 是均線型態前低

位置；指標 2 是 K 線跳空破前低位置，是強空型態；指標 3 顯示收破均線型態前低，確認空方位置。

從圖例可看出，大致上 K 線會比均線更快產生趨勢；但在辨識上，均線比 K 線更容易。簡單來說，把 K 線跟均線合併來看，會更容易判定出趨勢多空轉換與買賣的進場點。

W 底說明

圖 8

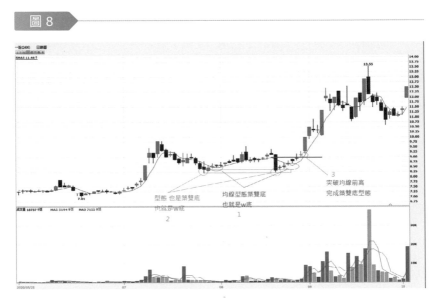

交易日期：2020 年 7 月 28 日至 9 月 7 日

以上是一詮 (2486) 個股日線，指標 1 的均線呈現築雙
底型態，也就是 W 底；指標 2 的 K 線型態也是築雙底型態，
位置也是 W 底；指標 3 顯示突破均線型態前高，確認多方
位置。

從圖例中可以清楚看出形態學的雙重確認，當雙重 W 型態出現，多方位置確認是毋庸置疑的。

M 頭說明

圖 9

交易日期：2021 年 11 月 29 日至 2022 年 1 月 26 日

　　以上是明泰 (3380) 個股日線，指標 1 當時均線型態呈現一個 M 頭，就是壓力區；指標 2 就是前低位置，形成了一個支撐區；指標 3 就是破頸線位置，形成 M 頭，以型態學而言就是空方，趨勢目標是往前低位置前進。

於是我們可以確認均線慣性，當股價跌破一個壓力點，就會往下一個壓力點前進，這跟 K 線型態學的邏輯相同，只是呈現方式不同。

均線形態學在辨識上確實比 K 線容易許多，但缺點是比較晚呈現。因此在運用上，知道了均線型態的缺點，就可以用 K 線型態學輔佐判定，以達到穩定致勝的目的。

均線型態搭配 K 線型態之短線用法

圖 10

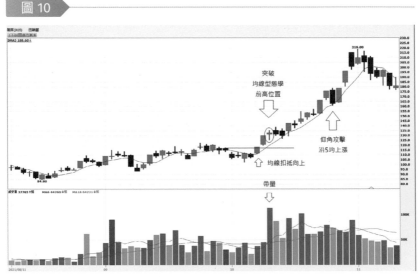

交易日期：2021 年 09 月 8 日至 11 月 3 日

　　以上是智原 (3035) 個股日線，我們用很簡單的一條 5 均線來解釋扣抵多空轉折。用 5 均線分析，是股票短線操作的基本概念。

不須參考基本面，我們從均線型態學來看，細微的變化從 5 均扣抵向上開始，當趨勢悄悄變動，突破均線型態學前高位置，趨勢扭轉為多方且帶量，量是先行指標，之後沿著 5 均線仰角攻擊。

　　若是以 K 線型態學分析，如下圖所示：

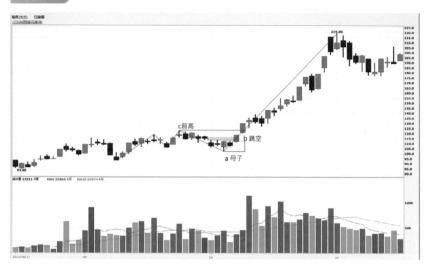

　　在前高被突破時，就要作出上漲空間規劃。細微變化
從母子型態開始，是用隱形缺口突破，之後突破前高，成
交量持續放大，整體多方確實已經表態，之後作出上漲空
間規劃，K 線搭配均線型態學作雙重確認。這在確認買賣
點時將更加穩固及安全，也是雙重技術確認的概念。

圖 12

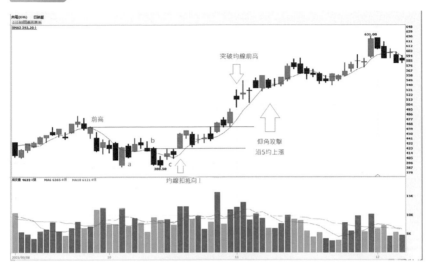

交易日期：2021 年 9 月 27 日至 11 月 15 日

　　以上是南電 (3035) 個股日線，我們用很簡單的一條 5 均線來解釋扣抵多空轉折。

　　從均線型態學來看，這也是下跌 a—b—c 波段。如圖所示，細微變化從 5 均扣抵向上開始，趨勢已經悄悄變動，由空轉多之後，均線突破均線型態的 b 位置，最後正式突

破均線前高位置，一路沿著 5 均線上漲且量持續增加，代表多頭無慮。

　　若是以 K 線型態學分析，如下圖所示：

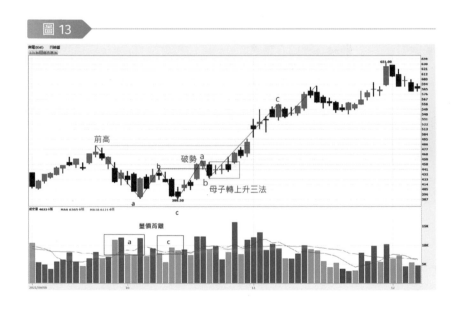

圖 13

　　從 K 線型態學來看，先是以下跌 a—b—c 波段呈現，完全符合「跌勢末端必有背離」的原則 (請參閱奧丁老師

2021 年著作《奧丁期貨聖典之山川戰法全書》），之後突破 b 點，呈現破勢，這時應該作上漲空間規劃。

股價拉回 b 位置，停頓一下，作出母子型態轉上升三法架構，多頭攻勢再起，在上漲段一樣量增，表示多頭漲勢無虞。

K 線搭配均線型態學作雙重確認，這在確認買賣點時將更加穩固及安全，同時也是雙重技術確認的概念。

讀者們更應該熟悉整套邏輯，均線扣抵，是多空短線操作的關鍵，也是股票控盤者讓散戶最後上車處。對於短線交易者而言，該在意者不是均線走揚，而是均線在哪裡轉折，此即為均線運用之關鍵技術。

大道至簡之中線用法

以週線來看的 20 均線，也是一年作一波的運用法。

圖 14

交易日期：2018 年 7 月至 2021 年 7 月

以上是台達電 (2308) 個股週線，我們用很簡單的一條 20 均線來解釋一年一波長線初階作法。

首先，不要在意 K 棒的型態，這是長線交易者最常出現的盲點：交易者的目光通常會注重在 K 線上，而忽略均線的位置。長線打底股票，必定壓在週線 20 均線之下，之後均線作出上漲 A—B—C 的型態。

我們要注意的是 A 波起漲的這一段。基本上，除非你很關心這一檔股票，知道它的基本，不然鮮少有人知道底部何時出現。就技術面來看，A 波出現，也就是突破前高，就要作出上漲 A—B—C 規劃，要等待 C 波到來，也就是 B 波反轉後的 C 波上漲，要注意的是準備作 C 波的規劃。

所謂 C 波規劃，其初始變化必然是 20 均線扣抵向上（圖 X 點），之後突破 A 高點（圖 Y 點），破勢確認後轉折向上，這時就可依序進場。過程中要注意量能變化，量增價漲，符合多頭走勢後，週線沿著 20 均上漲，這就是一年一波的上漲股票。

圖 15

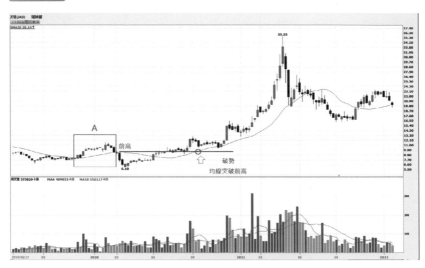

交易日期:2019 年 11 月至 2021 年 5 月

　　以上是友達 (2409) 個股週線,我們用很簡單的一條 20
均線來解釋一年一波長線作法。

　　在此我們用不同方式來呈現及解釋,首先如上文所提,
長線打底股票,必定壓制在週線 20 均線之下。A 框之處已
經打底完成,那麼收上 20 均線為何還會再破底呢?這就是

書中不能說的祕密，因為它沒有突破均線型態的前高，所以尚未完成打底。

真打底的前提，是長線壓制週線 20，作均線之後表態，收上 20 均線後作出突破均線型態前高，才算完成上漲 A—B—C 規劃，完成打底。

一年一波長線股，考驗的是交易者本身的耐心與資金配置，所以說「等待是　種藝術」。多數人還是偏愛短線交易，但笑到最後的人，必定是作長線之人。

之前我們提到，一年一波長線是用 10 均，這裡是用 20 均線，其實 10 均與 20 均都是長線的標準作法，差異僅在於個人喜好，但作法都相同。

最後我們作個總結，許多人汲汲營營，想要在股市獲利，花了大錢學習艱澀難懂的技術，仍不得竅門；說穿了，不是你不夠認真　而是你從一開始就走錯了路，因此再努

力還是錯。

　　一般坊間技術分析教學的市場，就是要將簡單的道理作複雜華麗的包裝，不然怎會有人願意花大錢去學習呢？

　　看完本章節後，相信讀者們會有所發現，領悟「大道至簡」的道理。簡單的技術分析，為何能夠真正幫助你在股市獲利？原因很單純，因為你把問題想得太複雜了！

04 成交量的祕密

量是一切價格之本

04 成交量的祕密
量是一切價格之本

　　作者教導投資這麼多年，深深感受一件事，一般投資者對於「量」的理解，幾乎全部錯誤。原因不難理解，因為坊間很少有書籍解說量的定義，以致於投資者對於量的定義都是一知半解 。在這章節中，我將逐步解開量的神祕面紗。

有量及無量之定義

　　如何去定義量？其中最困難的一點，就是「有量」與「無量」的判定。

通常一支股票，因股價不同、股本不同，呈現出的成交張數也會有所不同。因此在定義上，我們必須抱持一致性原則——採用 5 均量來定義有量與無量。

無論日線、週線或月線，只要成交量在 5 均量以上，就定義為有量；在 5 均量以下，就定義為無量。有量就有價格波動，無量就沒有價格波動。

這點出量所代表的意義：**有量就有價** ，**無量就無價**。以下用範例來說明。

圖 1

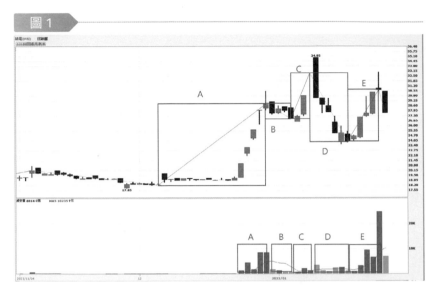

交易日期：2021 年 12 月 6 日至 2022 年 1 月 26 日

　　從以上綠電 (3037) 個股日線來看：

・A 區 上漲段成交量大於 5 均量，股價波動大。

・B 區 下跌段成交量低於 5 均量，股價陷入盤整。

・C 區 上漲段成交量大於 5 均量，但比起 A 區的成交量明

　顯小很多，股價波動比 A 區小。

‧D 區 下跌段成交量整體大於 5 均量，屬於下跌有量，股價呈現破勢。與 B 及 C 區的成交量作比較，D 區成交量明顯較大，波動幅度自然也比較大。

‧E 區 上漲段成交量大於 5 均量，價格再度波動劇烈。

圖2

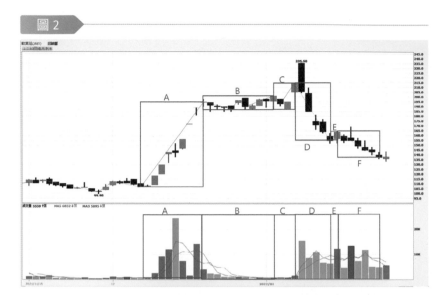

交易日期：2021 年 12 月 6 日至 2022 年 1 月 26 日

　　從以上歐買尬 (3687) 個股日線來看：

‧A 區 上漲段，成交量大於 5 均量，股價波動大。

‧B 區 下跌段，成交量低於 5 均量，股價陷入盤整。

‧C 區 上漲段，成交量 低於 5 均量，股價波動小。

．D 區 下跌這一段，成交量整體大於 5 均量，屬於下跌有量，價格呈現破勢。

．E 區 上漲段成交量大於 5 均量，價格再度波動。

．F 區 下跌段成交量大於 5 均量，價格再度波動。

於是我們發現：**成交量＞ 5 均量 ，價格明顯波動；成交量＜ 5 均量 價格明顯陷入停滯。**

成交量是選股第一要件；任何一種商品，有量就有價，無量即無價，成交量的意義凌駕於價格型態之上。也就是說，所有價格型態，皆是由成交量堆疊出來的。

這代表所有技術分析者，要重新定義成交量，**用量去解型態，而非用型態去解量**，否則會一直迷失在價格型態的虛幻之中。

爆大量之定義及隱藏含義

股市中常聽到這句話：「成交量越大，波動則越大」，在分析成交量時常會發現極端量的產生，這代表著換手量，也是攻擊量，也是波動的開始。

主力萬般拉抬皆為出，所謂「出」，就是爆大量出貨。主力控盤一支股票，都是以吃貨方式先進場，無量盤整期間不會引起市場關注，這樣才能順利把貨吃完。那要如何讓市場關注呢？總不能花大錢刊登廣告、或者到知名理財網站搖旗吶喊吧。

答案就是爆大量，讓市場注目這支股票後，自然引發話題，散戶不請自來。先知先覺的交易者，會利用爆大量作為標的；後知後覺的交易者，等著高檔套牢，變成市場上最後才逃走的一隻老鼠。

量縮大漲股

為何股票會在不特定的一天出現爆量？答案通常是「市場傳出利多消息」。我們從心理學角度來剖析，某一檔股票傳出利多，隔日開盤，賣方惜售，漲停鎖死，收盤時大單排隊高高掛單、買不到股票。因為大家看好後勢還有高點，所以必須用更高的價格，才能買進這類量縮大漲股。

爆量大漲股

市場某一檔股票，傳出利多，隔日開盤，爆大量漲停鎖死，收盤掛單買不到。這支股票，符合爆量，**是先賣再講的股票。**

試問，公司釋放利多，大股東或者主力應該對公司後勢看好，理應惜售，為何會大量賣出手上持股，放大成交

量？是否有出貨之嫌呢？這點便耐人尋味。

綜合以上幾點，讀者們應不難發現，市場釋放出的利多消息，幾乎都是準備出貨用的。所以，**「爆量要先跑」**的原因便在此。股市是爾虞我詐的世界，主力都是如何請散戶「入甕」的？請讀者們深思。

量的操作法則

「高檔爆量，先賣再講，別問為什麼！」這是一位前輩多年前告訴我的法則。多年後我終於明白，高檔爆量是主力透過市場傳達訊息，但不知道是好消息、還是壞消息，所以先賣再講。

圖 3

交易日期：2021 年 11 月 19 日

　　在此用聯電 (2303) 來說明短線爆量的作法。從圖中我們看到聯電 在 11 月 19 日出現近期大量，且成交量大過昨日 5 均量二倍，後勢多空混沌不明，先賣一趟將獲利入袋，事後也確認這是短線作拉回動作。

　　當我們在操作短線時，雖然在成交量的助攻下價格會

有波動，但還是得注意爆量後的趨勢發展；因為不確定後勢是多還是空，先賣再講，方為上策。

圖 4

交易日期：2021 年 11 月 2 日至 12 月 7 日

有量就有價，當成交量增加時，表示進場交易的人變多了，自然價格會隨之波動。而爆量是極端的產物，是誰在賣？誰在買？這就關係到後面的走勢，於是產生了「大

量 K 棒」的相對位置，以及分析這根 K 棒的重要性。

・指標1——長黑爆量，先賣再講。

・指標2——高檔爆量收上影線，股價陷入盤整。

・指標3——高檔爆量收上影線，股價下跌。

・指標4——高檔爆量收上影線，股價下跌。

　　從這例子可看出，高檔爆量都非好事，先賣再講。要知道是散戶籌碼比較多、還是主力籌碼比較多？爆量出現幾乎都是主力將手中持股大量倒出，所以一旦爆大量，對於股價而言都不是好事，尤其是當股價處於高檔區時。

　　請讀者切記再切記，爆量是極端的產物，先賣再講。

技術型態之兩段式出貨

長線打底，主力在底部吃貨完畢，再利用爆量讓市場關注，這就是低檔爆量的標的股。

交易日期：2020 年 6 月 9 日至 10 月 20 日

在此以大成鋼 (2027) 個股日線來說明低檔爆量的判定

及操作法。圖中 A 與 B 處，以當時股價而言，都是低檔爆量，但圖 A 走勢卻一直破低，直到 B 處才出現反轉。

我們將 K 線圖拉開，轉成週線來看，不難發現箇中奧祕。

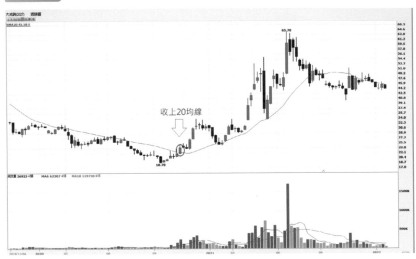

收上20均線

　　如之前一直強調，高檔時先賣再講。日線圖 A 與圖 B 之處都是如此，事後來看，也證明這都是回檔。但不同之處，在於週線圖回檔後創新高，之後收上週線的 20 均線，長線打底完成。

　　這時回去看日線 B 處那一根爆大量的 K 棒，同時是突破週線 20 均的 K 棒，因此判定其為關鍵 K 棒。這是中線

保護短線的作法，觀察主力作價操盤時的關鍵。主力作價控盤時的 K 棒，破與不破都是關鍵，K 棒先低後創新高，就是完成打底。

也就是說，當爆大量 K 棒 產生，都是先賣再說；之後等型態明朗，若是關鍵 K 棒低點沒被打破，反轉吞噬大量 K 棒高點，這就是低檔反轉之訊號。

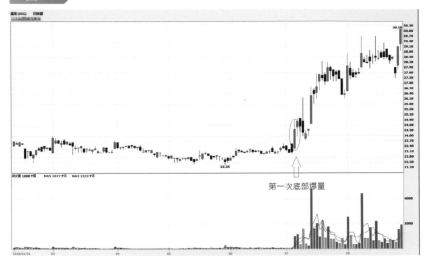

交易日期：2018 年 7 月 5 日

　　再以嘉彰 (4942) 個股日線來說明低檔爆量的判定及操作法。這一檔股票若長期持有，應有所虧損，畢竟它在底部緩跌許久。第一次爆量在 2018 年 7 月 15 日，一樣先賣再講，而後確實有拉回，但宜先保持中立來看待這支股票。

以下，從週線來看長線打底。

圖 8

・日線低檔爆量作法：高檔爆量先賣再講，股價不破大量
　K 棒低點，反而收上大量 K 棒高點，再次進場。

・週線長線作法： 收上 20 均線，長線打底完成後進場，
　這是一年作一支的股票。

但各位讀者不妨仔細看看，為何週線圖 A 處有拉回破 20 均線的位置？這不是一年作一支的股票嗎？主力為何不一次拉到頂呢？答案很清楚，散戶融資餘額大增，籌碼凌亂。

　　所以主力只有向下洗，在收破週線 20 均線位置時，讓散戶信心崩潰離場。至於時間要多久？這考驗著散戶的信心，散戶不走，主力不會進場。主力是很有耐性的，不洗到它滿意的融資餘額，它不會拉升股價，這就是股市的主力心理學。

　　當價格重新回到週線 20 均線位置，且融資餘額相對減少，就是主力發動第二波攻擊的時候。懂得市場心理學的讀者們，大家等著上車、享受這一波愉快的抬轎行情吧！

　　總之，爆量是市場的一種訊號，不管好與不好，都是先賣一趟再說。之後可以由週線或日線來判定是為低檔反

轉（主力吃貨）、還是為高檔反轉（主力出貨）？

記住，我們沒有電話線，全憑 K 線型態說話；把股市心理學融入 K 棒內，你會看到股市更真實的一面。

主力都進場了，豈會跌破成本砸自己的腳？K 棒會呈現一切事實，掌握住股市心理學，透過成交量去看待這股市，你將會是贏家。

多頭格局之定義──上漲有量，下跌量縮

要判定目前是否為多頭格局，請以成交量的變化，作為趨勢判斷的依據。

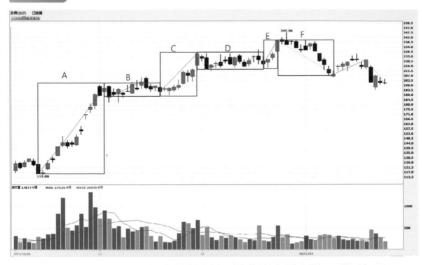

交易日期：2021 年 10 月 13 日至 2022 年 1 月 26 日

以下以欣興 (3037) 個股日線來說明：

· 圖框 A 區上漲段，量亦上漲。

· 圖框 B 區下跌段，量縮盤整。

· A 區＋ B 區，符合多頭走勢，上漲有量，下跌量縮；所

以評估會有第三段上漲背離波出現，也就是末升段量價
背離的定義。

· 圖框 C 區上漲段價格過高，成交量明顯比 A 區小，請注
意上漲量已經呈現量價背離，符合末升段背離的原則。
但從背離原則來分析，出現背離狀況但股價還是會漲，
這叫緩軋空，破勢才是結束點。

· 圖框 D 區下跌段量縮盤整，以盤待變。

· 圖框 E 區上漲段價格過高且持續量縮，比較上漲波 C 波
段，呈現量縮格局，量已經二度背離，多頭行情已是強
弩之末，此時要注意價格型態出現破勢產生的多頭結束。

· 圖框 F 區下跌段價格型態破勢，起跌量開始，結束多頭
走勢。

圖 10

交易日期：2021 年 11 月 9 日至 2022 年 1 月 26 日

　　再以茂達 (6138) 個股日線來說明，請注意成交量的變化，並以此作為趨勢判斷之依據。

‧圖框 A 區上漲段，量亦上漲。

‧圖框 B 區下跌段，量縮盤整。

‧A 區＋B 區符合多頭走勢，上漲有量，下跌量縮，所以

評估會有第三段上背離波出現。

· 圖框 C 區上漲段價格過高，但成交量比 A 區大，符合上漲有量，多頭持續，評估將有高點出現。

· 圖框 D 區下跌段，下跌量縮，但價格並未破勢，判定為多頭回檔。

· 圖框 E 區上漲段，價格過高，但成交量明顯比 C 區小，量價背離，出現末升段背離波，這時要注意價格型態破勢產生之多頭結束。

· 圖框 F 區下跌段，價格型態破勢 ，起跌量開始，結束多頭走勢。

空頭格局之定義──下跌有量，上漲量縮

要判定目前是否為空頭格局，如同多頭格局的判定，也要以成交量的變化，作為趨勢判斷之依據。

圖 11

交易日期：2021 年 7 月 7 日至 9 月 30 日

以鳳凰 (5706) 個股日線來說明：

- 圖框 A 區下跌段，下跌量增。

- 圖框 B 區上漲段，上漲量縮。

- A 區＋B 區符合空頭走勢，下跌有量，上漲量縮，所以評估會有第三段下跌背離波，也就是末跌段量價背離的定義。

- 圖框 C 區下跌段，價格破低，但成交量比 A 區小，符合量價背離，末跌段背離波出現，此時要注意價格型態破勢產生之空頭結束。

- 圖框 D 區上漲段，上漲量縮。

- 圖框 E 區下跌段，價格破低，但成交量比 C 區小，呈現量縮格局，量已經二度背離，空頭行情已是強弩之末，末跌段背離波出現，注意破勢產生的空頭結束。

- 圖框 F 區上漲段，價格型態破勢，起漲量開始，結束空頭走勢 。

圖 12

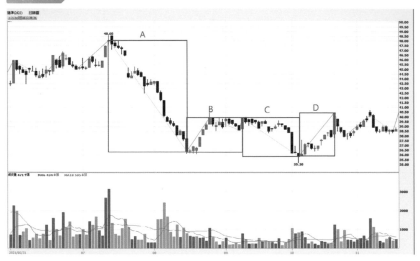

交易日期：2021 年 7 月 13 日至 10 月 21 日

　　再以建準 (2421) 個股日線來說明，請注意成交量的變化，並以此作為趨勢判斷的依據。

·圖框 A 區下跌段，下跌量增。

·圖框 B 區上漲段，上漲量縮。

·A 區＋B 區符合空頭走勢，下跌有量，上漲量縮，所以

評估會有第三段下跌背離波出現。

· 圖框 C 區下跌段，價格破低，但成交量比 A 區小，符合量價背離，末跌段背離波出現，此時要注意破勢產生之空頭結束。

· 圖框 D 區上漲段，價格破勢，起漲量開始，結束空頭走勢。

主力控盤慣用階梯量

「階梯量」是主力慣用的一種計量方式，當階梯量出現，就是主力作弊的時候。主力作價時，不可能用電話通知其他主力一起作價，唯有透過市場訊號告訴其它主力，「我進場了，請你們也跟我一起進場。」而階梯量就是這個訊號。

以下用範例來說明。

圖 13

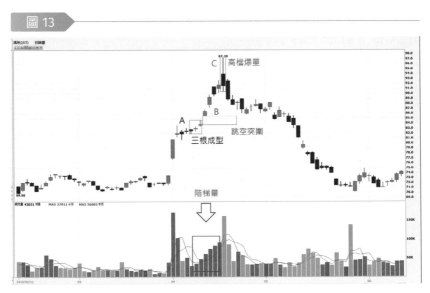

交易日期：2019 年 4 月 9 日至 4 月 17 日

以上是鴻海 (2317) 個股日線， 請注意這框內 7 天的成交量，是以階梯量的型態出現。它代表什麼意義呢？答案是「**主力故意洩露行蹤，引散戶進場**」。

在許多人的認知裡，主力炒作股票都是以小型股為主，

大型股要控盤是很難的，甚至不可能。但是從這個例子，讀者看到什麼？主力作價，成交量可以作到如此完美，它是天然，還是人為？

當然，這個時候主力送紅包，豈有不進場的道理？我們再仔細分析：

‧圖 A 主力階梯量三根 K 棒成型

‧圖 B 第四根 K 棒跳空發動攻擊

‧圖 C 第八根 K 棒高檔爆量，先賣再講

以上，是很完美的作價行情。

圖 14

交易日期：2011 年 8 月 29 日至 10 月 24 日

　　再舉鴻海的另一個週線圖來說明，請仔細看看主力的
耐心，即使是週線，一樣可以作出階梯量，只差在要與不
要而已。

‧圖 A 連續三根出現 K 棒階梯量，就可以注意後勢發展。

‧圖 B 母子盤整，以盤待變，等待方向。

· 圖 C 正式突破母子高型態，收上週線 20 均線，長線買
　點浮現。

　　利用階梯量，看盤就像呼吸一樣簡單。以上兩個範例
告訴我們，對主力而言，等待是一種藝術，主力不僅可以
在日線作出階梯量，週線一樣可以，更何況是大型股。

　　階梯量隱含的意義是，不管是向上階梯量，還是向下
階梯量，都是以中性看待；重點是，雖然我不知道階梯量
為何出現，但我知道階梯量的存在，也就知道何時該買，
何時該賣。

　　操作股票，千萬不要站在主力的對面，這樣是很容易
上天堂的。讀者們要有一個認知，不要怪主力狡猾，只要
是金錢的遊戲，就從來沒有公平之處。想得到什麼，只能
自己去爭取；唯有靠自己，才是最實在的。

　　本書中所傳授的技術及訣竅，學會就是你的，誰也拿
不走，這是專屬於你的幸運。

05 跟著主力走

高檔爆量，壓回量縮，
吞噬找買點

05 跟著主力走
高檔爆量，壓回量縮，吞噬找買點

　　如何看出主力股作價，口訣在此：**「高檔爆量，壓回量縮，吞噬找買點」**。這句話可分成以下三個要件：

· 高檔爆量──主力吃貨完畢，希望市場散戶追逐，因此故意作出爆量，引來散戶注意。

· 壓回量縮──這是主力故意作價控盤，呈現出階梯量型態，此時股價通常是下跌的，目的為了要讓散戶離場，清理戰場上的融資浮額，或者逼沒有信心的散戶離場。壓回的時間，限制在一至兩週內。

· 吞噬找買點──吞噬長紅且帶量，這時主力已經清洗浮額完畢，開始拉抬股價，通常會讓散戶上車抬轎，主力邊拉抬價格、邊出貨，直到股價過前高，爆量結束。

從主力股操盤，
看末升段必有背離之原則是否適用？

在此整理出一些案例，幫助讀者看出主力是怎麼操盤的，我們散戶又該如何跟隨主力的腳步，進出股市。

圖 1

交易日期: 2010 年 3 月 4 日至 4 月 8 日

以黑松 (1234) 個股日線來看:

- 圖 A——主力吃貨完畢,作出第一段攻擊,故意爆量來引發市場關注。

- 圖 B——主力將價格拉回,成交量縮,這時考驗主力控盤能力,從成交量去解析,便可清晰看出主力存在。主

力這時控盤，計算市場有多少賣壓存在，並且在尾盤控制成交量，圖形呈現出階梯量型態。

· 圖 C——吞噬買點出現，從壓回到吞噬，這段交易時間通常不會超過兩週，頂多一週主力就必須發動攻擊，否則主力就是控盤失敗。當看到紅吞噬或者跳空，就是主力發動攻擊的時候，也是我們散戶的進場時機。

· 圖 D——高檔爆量，先賣再講。

· 圖 E——在此又出現階梯量型態，表示是主力尚未出貨完畢（強悍的主力在第二次爆量時就出貨完畢，不會出現二次爆量的情形，這裡表示主力出貨不順暢），還有高點可期待。

· 圖 F——再次爆量但未過前高點，先賣再講，行情結束，就是長紅爆量低點收破時，此時主力皆已全數離場。

圖 2

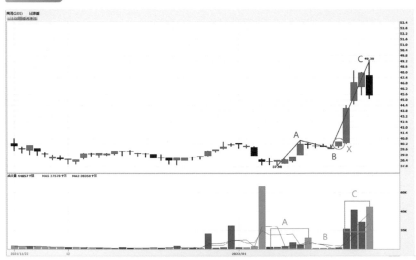

交易日期：2021 年 1 月 7 日至 2022 年 1 月 26 日

　　從南港 (2104) 個股日線來看，這是標準的上漲 A—B—C 波段攻擊，我們從成交量可以輕易看出，這是典型的「高檔爆量、壓回量縮、吞噬找買點」。買點都一樣，在於吞噬紅 K，就是圖中的 X 位置。

　　這一檔股票連續在高檔爆出巨量，身為散戶，應及時

離場不戀棧，賺取價差即可，並且開始尋找下一個標的物，這是短線交易者必須有的思維。

以上兩個範例，提醒我們去考慮，末升段必有背離的原則，到底適不適用？一般來說，這一類主力股，籌碼早就被主力鎖定，若不在高檔爆量，便無法出貨完畢，因此在操作上並不適用末升段必有背離之型態。

不要當市場最後一隻老鼠

我常告訴學生，「洗你的頭髮，也要洗你的看法」，絕對不要盲目去追價，否則將變成市場中最後被抓（套牢）的那一隻老鼠。我教導成交量的分析法則，就是要更新投資者的看法，避免在股市中被主力養、套、殺。

圖3

交易日期：2021 年 5 月 17 日至 7 月 23 日

　　從奇偶 (2104) 個股日線來看，我會說，「我不必知道主力何時進場，但我看到它們已經進場了。」

．圖 1——主力現行蹤的標準模式。主力不知何時已經完成底部吃貨，但它開始爆量，從第一天起就準備要出貨。當然主力出貨前要先給散戶糖吃，這時量縮吞噬，我們

要找到買點 X 位置，主力控盤，股價沿著 5 均線上揚。

- 圖 2——第二次爆量，先賣再講。但主力手法依舊不收破 5 均線，且作出階梯量型態（控得不太理想），一樣遵循吞噬找買點的原則，Y 位置就是上車時機。這一檔主力慣性就是沿著 5 均上揚，直到 5 均線收破結束行情。

- 圖 3——收破 5 均線，多頭正式結束，主力下車，開始抓市場最後一隻老鼠。此時不跑，更待何時？

圖 4

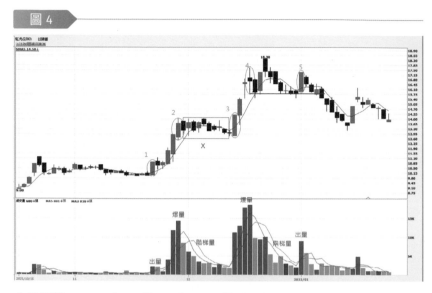

交易日期：2021 年 11 月 22 日至 12 月 22 日

　　以虹光 (2380) 個股日線來分析，可以看出主力的另一種操盤手法。

· 圖 1──經過漫長的下跌盤整打底，除非長期關注這支股票，才會留意到主力操盤痕跡，否則你沒注意，我也沒注意，錯過就錯過。但量起就是價格波動的徵兆。

- 圖2——長紅爆量，主力現行蹤，高檔爆量，先賣再講，等股價拉回時看是否有階梯量出現，作為主力的標的股之判斷依據。屆時再進場即可，不要預設立場，以看到哪裡、做到哪裡為原則。

- 圖X位置，股價壓回量縮整整10個交易日，符合主力控股最多量縮10天的原則，而且這10大出現階梯量型態，表示這是主力控盤的股票。

- 圖3——出現長紅吞噬，多方表態，主力開始邊拉抬股價邊出貨，要注意離場位置。

- 圖4——第二次高檔爆量，先賣再講 ，此根大量K棒的低點，就是主力控盤位置。

- 圖5——一樣是股價壓回量縮，吞噬長紅，這時可以進場。但前文也說明過，第二次爆量後就是逃命波，長紅低點是最後離場點，圖四低點收破就是離場位置，因為

主力離場了。這一波的出現是因為主力沒出貨完畢，所以再作一個逃命波引誘散戶進場，把自己手中持股移轉之後，價格隨之崩落，沒跑掉的投資者，就成為市場上最後一隻老鼠。

你不必知道主力何時進場，但要知道主力已經進場；看出主力擅用的手法與慣性，你也可以搭著主力的順風車，扶搖直上九重天。

主力常用手法──大型股兩段式攻擊波

兩段式攻擊波是階梯量衍生出的一種高段技巧。主力作價時，不可能一波到底把貨全部出光，否則它的功力也太高（只能說佩服）；通常主力會作出兩段式上漲，也就是型態 A─B─C 末升段必有背離，這原則適用於所有金融商品，包括股市及期貨。

圖 5

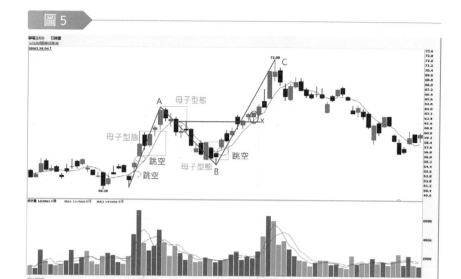

交易日期：2021 年 7 月 28 日至 9 月 6 日

　　從聯電(2303)個股日線來看，這是一個標準的上漲A—B—C 波段，如果你錯過 A 段的攻擊波，不妨仔細觀察 A 波的型態，以此分析是否將有 C 波的第二段攻擊出現。

　　從第一波 A 段攻擊波型態看出，這是跳空帶量，長紅上漲；也就是說，這是主升段，其後必有末升段出現，因

此我們可以靜待 B 波結束點到來。

·圖 A 行進中，有一母子型態突破高點型態，這時可進場作短線，在 A 波高點被破，母子型態破低結束，進入 B 波回檔。

·B 波回檔過程中，要留意結束點到來，從型態來看，這裡的母子突破高點，是以跳空型態產生，這表示強勢上漲，搭配日線 5 均線扣抵向上，形成雙向買點。

·在 C 波上漲過程中，注意 X 點出現，那代表均線型態破勢力完成，前高位置確認，多方局勢無虞，雖是落後型態，但仍可提供另一個加碼點。C 波離場點，高檔爆量，先賣再講，或者在收破日線 5 均線位置時就可離場，結束這一波短線操作。

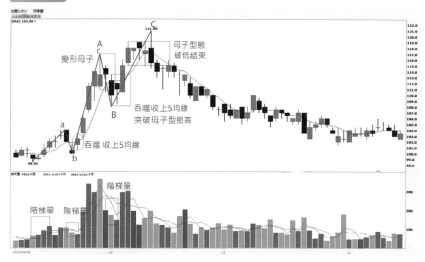

交易日期：2021 年 9 月 9 日至 10 月 13 日

　　從範例台塑 (1301) 個股日線看， 這是一個有良心的主力拉抬股票之標準手法；或者這麼說，這是有讀過書的主力作手。

　　其形態完成符合量價結構關係，從第一段 a—b—c 上漲波開始，第一波 a 波攻擊就出現階梯量，背後的涵義，

疑似是商請股市其他主力進場；畢竟台塑股本大，股價不好拉抬，只能採取聯合作戰。這位大主力的意涵是，「我進場了，請你們小主力也趕快進場。」

第二波 b 波壓回，聰明的讀者們，「等待是一種藝術」，等待 b 波型態出來，就是等壓回量縮吞噬找買點，這正是我們散戶進場的時候。

第三波 c 波攻擊 ，應該是所有主力都上車開始拉抬股價了，邊拉抬邊出貨，直到爆量，主力離場。

作為一個短線交易者，爆量時就是先離場的時候，或者在大量 K 棒破低點時離場，或者在收破日線 5 均線、完成第一段上漲 a—b—c 攻擊波時離場。

而第二段上漲 A—B—C 攻擊波，從圖 A 判斷起漲 A 波是爆量長紅，屬於主升段；而在末升段必有背離的情況下，可期待其後會有一段背離末升波出現。但由於這是主

力控盤股，須持保留態度。

B 波股價壓回，呈現量縮階梯量格局，這是一個機會，此時要靜待買點出現，等待上車機會。請記住量縮吞噬找買點口訣，當 B 波確實出現吞噬收上 5 均線，就是買點浮現。以母子型態突破高點的吞噬，收上 5 均線，作為判斷買點的依據。

圖 C 看出主力邊拉抬股價邊出貨，散戶要在爆量出現時離場，或者在收破 5 均線時離場，或者在收破母子低點時離場，結束這一短線操作。之所以會有第三次主力出貨現象，是因為股本夠大的緣故。

成交量本身，並沒有多空表徵，量的大小是依據市場心理學所呈現。主力透過成交量，傳達給市場知悉，請君入甕；當價格呈現大幅波動，散戶的貪婪與恐懼，便是主力想要的結果。若能洞悉這一切根本，了解主力的操盤手

法及慣性，你就將天下無敵。

　　最後，請讀者們切切牢記，「**量是一切操作之根本**」。

06 山川戰法之 股票實戰解析（一）

長線搭配短線，找到正確進出點

06 山川戰法之股票實戰解析（一）
長線搭配短線，找到正確進出點

　　本章節將承襲我 2021 年著作《奧丁期貨聖典之山川戰法全書》之山川戰法，以範例解析的方式，告訴讀者們如何選股，及如何找到進出股市的時機，幫大家成為股市贏家。

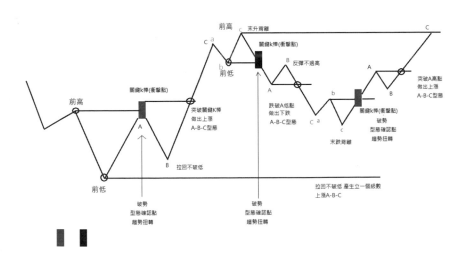

圖1

以上是山川戰法獨到的規劃圖，股票市場講究的是規劃與資金配置，這裡有兩種作法，一是長線搭配短線進出的操作，一是一年一長波的操作。特別強調，一個合格的操作者，一定要保持對股票的關注，及持續鍛煉自己的盤感。

長線搭配短線之操作法

我們用範例來說明長線搭配短線的操作法，首先找尋長線打底反轉之股票。

圖 2

交易日期：2020 年 1 月 13 日至 9 月 7 日

　　從範例長榮 (2603) 個股週線來說明長線操作法，先理解底部型態的確認要件：收上週線 10 均線位置，週線初步打底，回測不破低且過前高，作出上漲 a—b—c 攻擊型態，此時週線完成打底。

　　長榮個股型態，從低點 2020 年 3 月 16 日出現低點 8.9

之後，拉上週線 10 均線圖 a 作初步先打底（暫定）之後，回測不破前低，在 8 月 10 日收上前高位置，作出上漲 a—b—c 規劃圖（確認），打底完成。

長線的進場位置是收盤價圖 X 點位置，一路抱著長線股，善加利用資金配置，秉持不收破 10 均線不離場原則，通常都會有不錯的獲利。

接著同一支股票，從週線圖轉為日線圖，來說明短線操作法。週線圖 X 位置為 2020 年 8 月 10 日，當我們轉換為日線層級：

圖 3

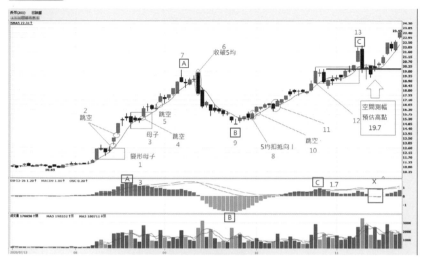

交易日期：2020 年 7 月 24 日至 11 月 10 日

　　這是典型週線走波段行情、長線保護短線的操作法，作出上漲 A—B—C 波規劃。如圖所示，週線在 8 月 10 日長紅之後，開始進入短線規劃：

・圖 1——變形母子跳空突破，短線進場。

・圖 2——連續跳空，進入一波到底的主升段之後還會有

末跌段，故推斷後面仍有高點可期，且量能放大，支持上漲要件。

· 圖 3——母子型態提供進場位置，等待訊號進場。

· 圖 4——跳空拉過母子型態高點，多方強勢表態。

· 圖 5——持續跳空，表示後面仍有高點。

· 圖 6——收破 5 均線，短多離場，此 A 波一波到底，並無收破 5 均線，屬於仰角攻擊波。

· 圖 7——確認 A 波高點，價格 19.9，作出上漲 A—B—C 波規劃，A 波出量，表示還有 C 波，靜待回檔 B 波結束。

· 圖 8——B 波下跌波，第一次收上 5 均線，空方仰角攻擊結束，且 5 均線上揚，多方進場。

· 圖 9——確認下跌 B 波位置，低點價格 14.8。

· 圖 10——出現跳空，上漲方向持續。

· 圖 11——收破 5 均線，在收上 5 均線時，多空雙洗，確認多方無誤。

· 圖 12——母子型態盤整，以盤待變。

· 圖 13——跳空突破母子型態高點，隔日吞噬，收破 5 均線。檢視此 C 波上漲，主力一路控盤，5 均線長黑並被灌破且帶量，C 波結束；C 波高點價格 22.2，符合 MACD 柱狀體翻黑原則，確認行情結束。

MACD 空間測幅分析

A 波起漲 10.65 高點 19.9，共上漲 9.25 元

B 波低點 14.8

MACD 空間測幅

A 波 3 ／ C 波 1.7

公式 (9.25×1.7)／3 = 5.2

B 波低點 14.8 + 5.2 = 20

　　預測此 C 波高點為 20，建議股價在 20 附近準備離場。此圖 A—B—C 上漲波，C 波出量無背離，操作上仍可規劃再一波上漲攻擊；利用 A—B—C 串起所有攻擊波，三小波為一大波，一大波再劃分三大波，以此類推。

　　在此說明 MACD 空間測幅的使用方式，MACD 柱狀體會隨著畫面而變動，無法有效統一數值，用目測觀察即可，屬於落後指標，目的是確認 A—B—C 高低點位置時，作為分析輔助之用。

圖 4

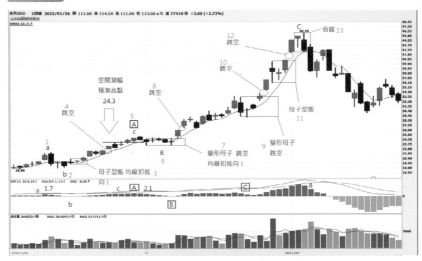

交易日期：2020 年 11 月 10 日至 2021 年 1 月 6 日

　　延續上一張圖表，C 波無背離狀態，故再規劃另一波
攻擊波：

‧圖 1──為上一張圖表 C 波轉換為上漲 a 波。

‧圖 2──下跌 b 波配合 MACD 柱狀體翻黑，確認 b 波位
　　置。

．圖 3——下跌 b 波出現母子型態突破，且均線扣抵向上，確認 b 波結束，轉為 c 波攻擊。

．圖 4——跳空，確認上漲方向無誤。此時作 MACD 空間測幅分析：

a 波上漲 22.5—14.8 ＝ 7.7 元

b 波低點 19.05

MACD 空間測幅

a 波 1.7 ／ c 波 2.1

公式 (7.7×2.1) ／ 1.7 ＝ 9.5

B 波低點 14.8 ＋ 9.5 ＝ 24.3

　　預測此 C 波高點為 24.3，建議股價 在 24.3 附近準備離場，也就是圖 5 中 c 波高點所在，切勿追多。

· 圖 6──MACD 柱狀體翻黑，確認 a 波位置，同時進入下跌 b 波，型態出現變形母子型態，量縮價穩。

· 圖 7──跳空拉過變形母子高點且帶量，多方形成且均線扣抵向上，雙重確認多方無誤，提供進場位置。

· 圖 8──跳空方向持續。

· 圖 9──收破 5 均線，多方短暫離場，之後型態轉成變形母子型態，以跳空方式拉過變形母子高點，屬於強勢攻擊，多方重新進場。

· 圖 10──跳空，方向持續，連續出現 2 個跳空出現，確認為主升段一波到底走勢，後面仍有高點可期待。

· 圖 11──母子型態之後突破，再次提供進場位置。

· 圖 12──跳空突破，強勢表態。

· 圖 13──高點吞噬離場，C 波結束，高點為 46.2。

MACD 空間測幅分析

A 波上漲 25.45—19.05 ＝ 6.4 元

B 波低點 23.6

MACD 空間測幅

A 波 2.1 ／ C 波 8

公式 (6.4 × 8) ／ 2.1 ＝ 24.3

B 波低點 23.6 ＋ 24.3 ＝ 47.9

　　預測此 C 波高點為 47.9，建議股價在 47.9 附近準備離場。

圖5

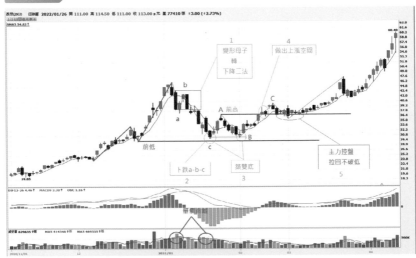

交易日期：2021 年 1 月 6 日至 3 月 23 日

延續上一張圖表，上一圖表中，1 月 6 日進入高檔吞噬之後，收破 5 均線，進入回檔。當收破 5 均線時，先確認前低位置是否回檔？是否進入多空扭轉的位置區？若出現收破型態，整理期將延長。

．圖 1——下跌 a—b—c 波 b 波，是一個變形母子型態轉

下降三法型態，也是由初始型態轉變成攻擊型態的態勢，所以讀者需熟記初始型態之應用。

· 圖2——完成一個下跌 a—b—c 波，很清楚的看出 c 波出現量能背離，表示進入末跌段，等待多方反轉訊號。

· 圖3——拉高之後，回測不破低，形成上漲 A 波，之後築雙底完成，重點為支撐帶搭配前低位置，主力在此有防守，一但破前低點，勢必拉長整理期。

· 圖4——突破 A 前高位置，作出上漲空間規劃，股價拉回找買點。

· 圖5——主力控盤點破 A 高點後會進入緩漲；之後跳空主升段來臨，這是屬於 1-4 重疊主升概念，之後股價如預期開始快速爬升。

一年一長波──驚驚漲股之操作法

這一類股票其實相對「牛皮」（指股價波動幅度小、股本大、流通籌碼多、股價不易拉抬的個股），不如之前所介紹的股票那麼活潑。但熱門股有熱門股的作法，牛皮股也有牛皮股的作法。

牛皮股的市場特徵，是成交量少、融資少。對於這類牛皮股，許多交易者避之唯恐不及；但反過來想，贏家總是少數，人多的地方不要去，想法改變了，我們才會成功。

正因為成交量少、融資少，籌碼相對穩定許多，這類股票適合特定思維的投資者；但前提是股價不能低於票面10 元以下，技術分析也得懂得善變，才能「一法通，萬法通」。

圖 6

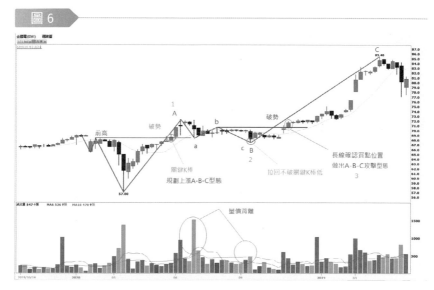

交易日期：2020 年 1 月 13 日至 2021 年 4 月 6 日

　　在此用全國電 (6281) 個股週線，解說一年作一支個股，長線搭配短線進出、長短雙贏的操作法。

　　首先要確認底部型態：收上週線 10 均線位置，週線初步打底，回測不破低且過前高，作出上漲 a—b—c 攻擊型態，週線完成打底。

圖例中從 2020 年 3 月 16 日出現低點 57 之後，拉上週線 10 均線。

・圖 1——上漲 A 波突破前高且收上週線 10 均線，型態上出現破勢，作出上漲空間規劃，股價拉回找買點。

・圖 2——下跌 a—b—c 回檔修正，為量價背離末跌段，主力控盤不破關鍵 K 棒低點，為強勢控盤局面。

・圖 3——破勢關鍵 K 棒出現，確認長線買點位置。

　　這類一年一波長線股，善加利用資金配置，秉持不收破 10 均不離場原則，長期持有，都會有不錯的獲利。

　　接下來說明短線操作法，以下將週線圖轉為日線圖，週線圖 3 位置為 2020 年 11 月 16 日。

圖 7

交易日期：2020 年 11 月 16 日至 2021 年 1 月 5 日

從圖中我們看到：

· 圖 1——a 波完成之後（MACD 柱狀體判定）回檔到防
  守支撐帶區，此區是主力的防守位置。

· 圖 2——是在盤整區出現的爆大量，為大量 K 棒位置且
  均線扣抵向上，此根關鍵 K 棒隱藏主力控盤 1 倍漲幅宣

示。如前文所提，大量 K 棒是市場關注交易的 K 棒，對於後勢走向有其重要性，簡單來說就是多空分界點。

· 圖 3——開盤股價就跳空，請聯想前一日大量 K 棒，且 K 棒振幅小，表示此有主力刻意以固定價格吃貨，現今跳空開出，多方局勢確認無虞。

· 圖 4——收破 5 均線，股價進入短線修正，之後作出母子型態突破，多方再起。

· 圖 5——長黑吞噬收破 5 均線，多方行情暫時告終。

MACD 空間測幅分析

A 波上漲 72.3—67.4 = 4.9 元

B 波低點 71.4

MACD 空間測幅

A 波 0.9 ／ C 波 0.5

公式 (4.9 × 0.5) ／ 0.9 = 2.72

B 波低點 71.4 + 2.72 = 74.12

　　預測此 C 波高點為 74.12，建議股價在 74.12 準備離場。

圖8

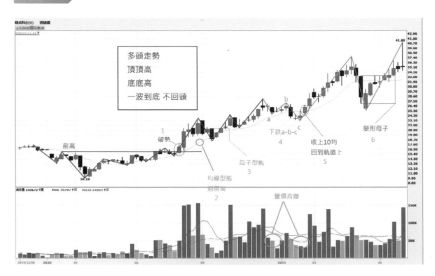

交易日期：2019 年 12 月 23 日至 2020 年 4 月 26 日

　　再以精成科 (6191) 個股週線來說明，請讀者們熟記底部型態確認要件：收上週線 10 均線位置，週線初步打底回測不破低且過前高，作出上漲 a—b—c 攻擊型態，週線完成打底。

圖例中 2020 年 3 月 23 日出現低點 10.1 之後，拉上週線 10 均線。

· 圖 1——長線先收上週線 10 均線，暫定打底；等到拉回但不破 10 均線 ，且作出型態破勢，出現關鍵 K 棒，作出上漲空間規劃，長線一年一波走勢就此展開。

· 圖 2——均線突破型態高點，也是另一種趨勢表態。

· 圖 3—短線修正，股價拉回收破 10 均線，作出母子型態，先收上 10 均線，多方行情再起，收上母子高時，再加碼買回。

· 圖 4——過高點後量並沒有再創高，股價拉回，出現修正下跌波 a—b—c 但不破前低，趨勢仍是多方，短線進入修正，下跌 c 波量價背離末跌段出現。因為未破前低，推斷為過熱回檔修正。

．圖 5——收上 10 均線，多方先表態，買進的理由，不僅僅是收上 10 均線，還有包括圖 4 判定的多方局勢持續。

．圖 6——過高之後雖然有量，但量一直無法創新高，導致高檔吞噬收長黑，可在此減碼。之後型態作出變形母子型態盤整，短線整理結束後多方再起，量過高點時，就是攻擊時機。

圖例中，讀者若仔細觀察，不難發現型態是頂頂高、底底高、多頭走勢，這在順勢交易上是確保旅途平安的一種簡易作法。

此時，讀者們對於山川戰法中長線搭配短線的操作規劃，應已有所理解。在下一個章節中，我將會解說更加精煉的技巧，幫助大家更進一步的理解山川戰法之奧祕。

07 山川戰法之
股票實戰解析（二）

熟悉主力習性，找到強勢股

07 山川戰法之股票實戰解析（二）
熟悉主力習性，找到強勢股

　　延續上一章節，在解說完長線搭配短線、一年一長波的股市規劃後，本章節將告訴大家何謂主力習性，如何找到強勢股及進場時機，以及避免落入量價背離之陷阱。

何謂主力習性？

　　每一檔有主力進駐的股票，都有其特殊操作習慣，細心觀察，就不難發現其蹤跡。以下以範例來說明。

圖 1

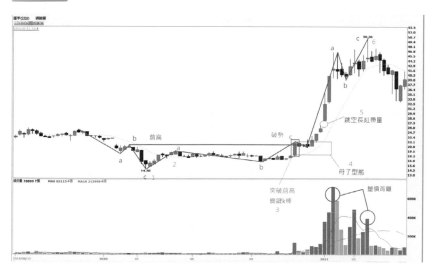

交易日期：2019 年 11 月 25 日至 2021 年 3 月 22 日

　　從以上廣宇 (2328) 個股週線來看，一樣要先確認底部型態，確認要件為：**收上週線 10 均位置，週線初步打底，回測不破低且過前高，作出上漲 a—b—c 攻擊型態，週線完成打底。**

・圖 1──2020 年 3 月 16 日出現低點 14.5 元。

‧圖 2——收上週線 10 均線，完成初步打底。

‧圖 3——突破前高位置，破勢產生關鍵 K 棒，爆出巨量，量先價行。

‧圖 4——母子型態突破型態高點，多方攻擊正式開始。

‧圖 5——跳空長紅帶量，主升段後必有末升段。

‧圖 6——過高之後出現上漲 a—b—c 波，量價背離，在高檔吞噬或者收破 5 均線後，股價將進入修正。在此會產生一個問題，長線股票不是收破 10 均線才要離場嗎？為何這裡改為 5 均線呢？因為當量價產生背離，就代表末跌段出現，越早出現賣出訊號，就要越早離場，保留盈餘，操作不可拘泥於單一形式。

　　個股在收上週線 10 均線之後只是初步打底，要突破前高才算真正完成底部；也就是說，**收上週線 10 均線是徵兆，**

突破前高才是確認訊號。 但從上一章節的幾個例子不難看出，一旦突破前高，成交量是一個強烈的誘發訊號：當一檔個股出現爆量，就是主力準備好，要讓大眾知曉跟進場拉抬股價的時候。所以請聰明的讀者們千萬記住，成交量才是一切操作的根本。

以下再轉換為日線層級來分析，週線圖位置為 2020 年 11 月 16 日。

圖2

交易日期：2020 年 11 月 16 日至 12 月 28 日

　　仔細看這一檔股票，大家就會明白何謂主力習性。這一檔的主力習性，就是爆量拉回的個股類型，主力控盤有相當水準，邊拉邊出，作價差賺外快。

・圖1——長紅爆量，拉回整理，出現母子型態，股價開始盤整。

· 圖2——突破母子型態高點，多方表態，但爆量拉回。

· 圖3——必須等 B 點出現，才能確認支撐帶。

· 圖4——打雙底確認支撐帶，出現吞噬，代表多方訊號，重點是量未出現，股價就會拉抬。

· 圖5——跳空後再次突破母子高點，多方表態，但出現爆量，等待股價拉回。

· 圖6——再次突破母子型態高點，多方表態，這裡是一根長長的上影線，形成母子型態，散戶多單被洗掉，收上母子高點，多方強勢表態，重點是量未出現。

· 圖7——跳空長紅帶量，再次等待股價拉回。

　　延續 上一張圖表：

交易日期：2020 年 12 月 28 日至 2021 年 3 月 4 日

- 圖 1——雖然這是跳空長紅的型態，但出現爆量，依主力習性來看，股價將進入盤整，之後也確實進入盤整。

- 圖 2——跳空突破母子型態高點，但沒有出現大量，此時就是買點。

- 圖 3——跳空高，收下影線，以單一 K 棒來看是好事，

隔天還有高點可以期待，屬於多方控盤；但出現爆量，主力將準備洗盤，之後也確實進入盤整。

- 圖4──支撐帶區浮現，主力控盤。

- 圖5──突破長紅，扣抵向上但未帶量，此時就是買點。

- 圖6──高檔爆量，依主力習性，股價將進入盤整。

- 圖7──下跌階梯量出現，之後吞噬紅K買點，但出現些許爆量，需要考量是否為買點。

- 圖8──高檔爆量，依主力習性股價拉回整理。

- 圖9──下跌a─b─c波末跌段，產生量價背離，之後吞噬紅K，但主力操盤出現唯一敗筆──爆量，要謹慎考量買點。

- 圖10──高檔爆量，依主力習性，股價拉回整理。

　　看完以上兩個的例子，您心中是不是覺得主力很沒武

德？但反過來想，當你可以洞悉主力習性，出現爆量就離場，反手券空，只要不出量才進場，搭著主力順風車來回作價差，游刃有餘，輕鬆賺錢，何樂而不為？

所以為何有些精煉的交易者，只專作幾檔股票，因為他了解主力習性，跟著主力走就能賺錢。但要提醒大家，這招是大量 K 反轉破低，不適用於期貨市場。要知道期貨市場更是貪婪與恐懼的結合，大量 K 低點一旦失守，將會引爆無上業力，即使你是如來也難擋其勢，請大家務必注意。

均線型態一倍幅之強勢股

我一直強調，要作股票，就要挑強勢股來作。何謂「強勢股」？就是均線型態漲幅一倍的股票。以下以範例來說明。

圖 4

交易日期：2020 年 1 月 20 日至 2021 年 1 月 4 日

　　從以上台達電 (2308) 個股週線來看，一樣要先確認底部型態：**收上週線 10 均位置，週線初步打底，回測不破低且過前高，作出上漲 a—b—c 攻擊型態，週線完成打底。**

・圖 1──2020 年 3 月 23 日出現低點 108.5 元。

・圖 2──收 10 均線之後，出現突破前高型態，破勢產生

關鍵 K 棒。此時要作上漲空間規劃，確認這是一年作一次的強勢長線股，買點浮現。

· 圖 3——均線型態強勢整理，突破前高，確實 K 棒型態比較慢，但買點相對穩定。就作者長年觀察下來，均線在回檔過程中，若是像圖中的均線，修正為走平狀態，當均線突破型態前高後，通常都是漲幅一倍幅的股票，請讀者們務必注意此類強勢整理股票。

· 圖 4——均線突破倍幅，買點浮現。

· 圖 5——母子型態，這是一個上漲 A—B—C 波，C 波量大無背離，推定還有高點拉回找買點為主（突破母子型態高）。等股價過高點後量不再創新高，就是長線離場時機。

· 圖 6——高檔長紅爆量，先賣再講。

　　以下再轉換為日線層級來分析，週線圖 2 位置 為 2020 年 6 月 1 日。

圖 5

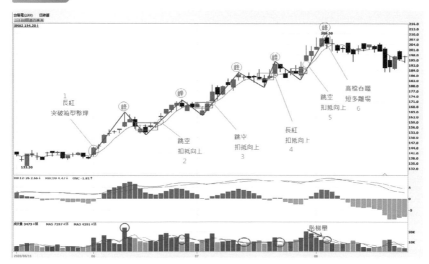

交易日期：2020 年 6 月 1 日至 8 月 5 日

・圖 1——長紅突破箱形整理，買點浮現。

・圖 2——跳空扣抵向上，買點浮現。

・圖 3——跳空扣抵向上，買點浮現。

・圖 4——長紅向上，買點浮現。

· 圖 5──跳空扣抵向上，買點浮現。

· 圖 6──由階梯量看出主力控盤蹤跡，量縮價高產生背離，等待回檔，吞噬長黑收破 5 均線時離場。

　　讀者們可以細細品味這檔股票，這是均線控盤的個股，不適用於 K 棒型態。主力是用均線控盤，多方過高不出量，製造出背離走勢，拉回 5 均線之後走平，都是用跳空方式讓均線扣抵向上攻擊，拉一波、休息一波，最後製造出階梯量過高，通知其他主力下車，所以後面回檔會深一點。

　　既然看出這檔的股性是利用均線扣抵，那操作手法當然也要跟著變化，搭著主力順風車，吃香喝辣。

　　延續上一張圖表。

圖 6

交易日期：2020 年 8 月 5 日至 11 月 12 日

· 圖 1——底底低，這是空方走勢，自然沒有買點；破勢出現才能扭轉局面。這段下跌波的特性，是量價背離後一直破低，如我上一本書所提，「背離後面住著緩殺空，唯有破勢，才能確認波段結束」。

· 圖 2——破勢關鍵 K 棒，此時作上漲空間規劃，多空扭轉。

・圖 3——跳空缺口方向確認，上漲波不破低，股價拉回找買點。

・圖 4——長紅填補缺口，轉為盤整局勢，但收上 5 均線後轉為多方。比較值得注意的是，第二個缺口是破關鍵 K 棒的跳空缺口，失望性賣壓湧現，但又快速被收上，這在股市心理學來說，是破低取量，收下影線，為之後長紅收上之徵兆。

・圖 5——主力回來了，跳空均線扣抵向上，多方攻擊正式開始，呼應圖 4，向下取量，逼出散戶多單。

延續上一張圖表。

圖 7

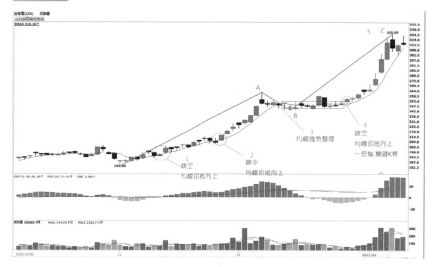

交易日期：2020 年 11 月 12 日至 2021 年 1 月 8 日

・圖 1——「主力回來了」，用這說法再好也不過。主力
習慣先破 5 均線之後跳空，均線扣抵向上，多方出現就
是等主力慣性上車。

・圖 2——收破 5 均線後跳空，均線扣抵向上，多方表態，
買點浮現。

．圖 3——均線強勢整理，等均線型態突破前高 ，1 倍幅
  漲幅就在前方。

．圖 4——跳空突破均線型態前高點，多方表態，買點浮
  現。

．圖 5——上漲 A—B—C 波段：

  A 漲幅從 11 月 2 日低點 184 點到 12 月 17 日高點 262 點，
  漲幅 78 點

  B 低點位置在 12 月 14 日 243 點

  C 高點位置預估 243 ＋ 78 ＝ 321，C 波高點 325 點

  　神奇的一倍幅股票，就是如此計算，熟悉主力習性，
你也可以看到這類強勢股。

圖 8

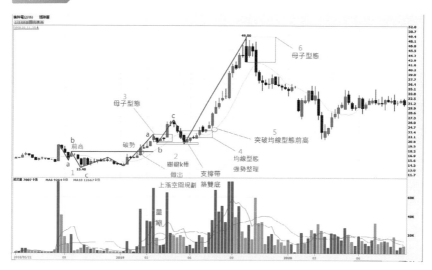

交易日期：2018 年 8 月 20 日至 2019 年 10 月 7 日

再從以上楠梓電 (2316) 個股週線來看。

· 圖 1——2018 年 10 月 8 日出現低點 13.40 元。

· 圖 2——收上 10 均線之後突破前高，型態破勢產生關鍵
　K 棒，此時作上漲空間規劃，一年作一次強勢長線股買
　點浮現。

・圖 3——突破母子型態，完成上漲 a—b—c 波。

・圖 4——順勢拉回，完成支撐帶區，築雙底均線型態在此強勢整理，均線修正為走平狀態。這就是一倍幅漲幅的好股票，值得觀察等待。

・圖 5——均線型態突破前高，K 棒型態確實較慢，但這是一倍幅股票的確認點。

・圖 6——高檔母子型態收破母子低，離場時機出現。

再轉換成日線圖來分析，週線圖 2 位置為 2019 年 2 月 18 日。

圖9

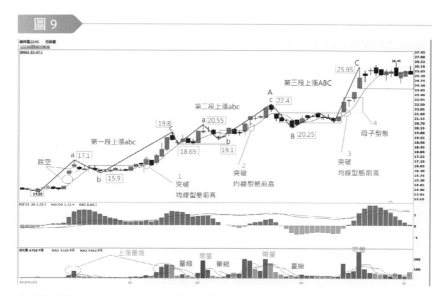

交易日期：2019 年 1 月 7 日至 4 月 18 日

· 圖 1——用突破均線前高一倍幅來計算 c 波高點，第一
　段上漲 a—b—c 波，a 波與 c 波量價無背離，還有高點可
　以期待，從回檔 b 波可以看出量縮，重點是均線型態強
　勢整理。

a 波上漲共 2.6 元

b 波低點 15.9

c 波高點估 15.9 + 26 = 18.5 元（最後高點 19.8）

· 圖 2——突破均線前高一倍幅計算 c 波高點，仔細觀察第二段上漲 a—b—c 波，上漲量增，下跌量縮，屬於多方型態，且 C 波出量預估有高點。

a 波上漲共 1.9 元

b 波低點 19.1 元

c 波高點估 19.1 + 1.9 = 21（最後高點 22.4）

· 圖 3——突破均線前高一倍幅計算 c 波高點，仔細觀察第三段上漲 A—B—C 波，上漲量增，下跌量縮，屬於多方型態，且 C 波出量預估有高點。

a 波上漲共 3.75 元

b 波低點 20.25 元

c 波高點估 20.25 ＋ 3.75 ＝ 24 （最後高點 25.95）

‧圖 4──預估高點之後有空點，母子型態突破，多方加
　碼。

　　由這檔股票不難看出，主力擅用均線及成交量控盤，
都是上漲量增，下跌量縮；也從峰與峰之間比較看出，都
是過高出量，完全符合成交量定義。

　　這一檔股票的主力習性，就是用均線與成交量控盤，
K 棒型態僅作參考而已。

　　延續上一張圖表。

圖 10

交易日期：2019 年 3 月 21 日至 7 月 31 日

　　我們已經知道這一檔股票是用均線與成交量在控盤，**觀盤重點就是均線與成交量之變化。**

・圖 1——均線走平的壓力區，在型態上為「前高」。

・圖 2——均線走平的支撐區，在型態上為「前低」。X 位置就是從高點回落的築底位置，守住前低，加上 MACD 分析有黑翻紅的狀態，波段訊號產生，雙重確認底部，

理想策略就是先持有基本量的股票。

· 圖3——突破均線前高，產生均線型態之破勢，這是最後上車的位置，之後股價如預期回升。

作為短線交易的投資者，也要有長線概念，除了技術分析要純熟之外，對於每一檔股票的股性都要深刻了解，抓住機會，跟著主力走，自然能在股市中進出平安。

量價背離之陷阱

如果您已經達到精煉交易者的層次，請深思此範例，真的是量不出過高盤嗎？是量價背離嗎？

圖 11

　　我們把精成科的圖表重製並縮小，將目光放在價格過高並對比成交量，由此發現：價格一直過高，但量卻出不來，從型態上來看，這是量價背離。

　　但再看下一張圖表。

圖 12

觀察重點在成交張數與成交金額之差異，將成交量（成交張數）與成交值（成交金額）放在一起比較，我們可以很清楚的看出，若是用成交金額來分析，其實從底部 10.1 元回升到 42.05，如圖所示，只有在一處出現型態過高背離。

這就是成交量的另一個祕密。以往我們在意的成交張

數，隨著價格攀升，買方力道將不如之前，自然買賣張數就會下降。當成交張數無法呈現真實買賣力時，交易者就會誤解為上漲量縮的局面，以致後續判斷規劃失誤。這也是許多股友，因為對於量僅一知半解，於是產生了錯誤認知的原因。

只有精煉的交易者能洞悉箇中奧祕，洞悉別人忽略的細微事物，因此這是精煉交易者本身須具備之敏銳度。本書的重點就是「量」，請讀者們細細品味「量」的真諦，能解開市場之貪婪與恐懼者，唯有「量」。能體悟這一點，你便是天下無敵。

再轉換為日線層級來分析，週線圖 1 位置 為 2020 年 8 月 3 日。

圖 13

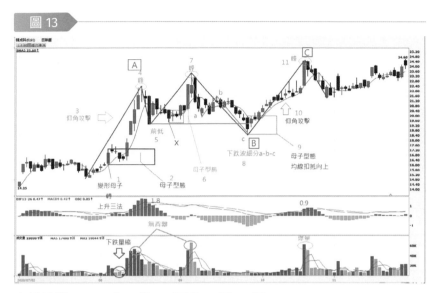

交易日期：2020 年 7 月 29 日至 10 月 21 日

　　週線確認波段買點時，短線操作的方式，就是長線保護短線。

・圖 1 與圖 2 代表的是箱中箱概念，這是一種細微看法。在一般人的認知裡，當箱型出現，就是等待趨勢方向出來，但這只是基礎看法；想要在市場成為贏家，想法與

作法都要改變，只有更加自我精進，才能成為贏家。

・圖 1——是初始型態轉化為上升三法，變成攻擊模組，但在箱型盤整的細微變化中，又出現一個小箱型，就箱型觀念來說，就是箱中箱理論，它的方向會確認大箱形的方向，這也是細微的短線看法。

・圖 2——箱中箱出現的小箱型，是母子型態確認方向向上。這裡也有主力的影子，主力都喜歡收破 5 均線且有主力量（量縮至極致）出現，讓短線散戶離場，可利用均線關鍵 K 棒作為進出依據。

・圖 3——箱中箱，箱型內收破 5 均線，把散戶多單洗出去之後，突破箱型高，跳空回應，仰角攻擊一波到底。

・圖 4——一波到底，要注意量能變化，出現爆大量，預估股價拉回後還有高點可期待，多方看待此波回檔。

· 圖5——長黑帶量出現，此根 K 棒為大量關鍵 K 棒，之後價格不再破低，形成大箱型前低位置。

· 圖6——關鍵 K 棒轉成大型箱型，圖 X 位置就是箱中箱，藉此觀察多空變化。小箱型 X 位置突破小箱型高，多方表態，突破大型箱型母子高點，多方持續表態。

· 圖7——出現吞噬，見高點回落，我們要仔細觀察兩個峰的成交量，以圖 7 與圖 4 比較，會發現圖 7 的成交量明顯大過圖 4，判定上漲有量，股價拉回繼續找買點，多方看待次波回檔。

· 圖8——是一個下跌 a—b—c 波段，下跌 a 與 c 波量價背離，判定為末跌段。在此隱藏一個高段的量能看法：**a 波下跌無量、b 波上漲有量、c 波下跌無量**，這是多方量的看法。價格型態破低，破勢破前低，整理時間會拉長；但整體會有一波反彈，至於是否反彈變回升，要看後期

的量能與型態變化。

綜合前幾個多方條件，應該還是有過高機會，但破勢破前低已經是確認的型態，在多方格局被破壞下，整理期間會拉長，接下來的行情，先看反彈。

· 圖 9──母子型態過高，加上均線扣抵向上，多方開始反彈。

· 圖 10──仰角攻擊沿 5 均線上揚，但上漲速度並不快，理由是成交量無法放大反而明顯縮小，先看反彈為主；因量不出再加上剛破前低，氣勢上已經轉弱，散戶也會觀望，不願追價。所以這波反彈波，上漲速度比之前緩慢許多。

· 圖 11──出現爆量，成交張數雖然沒有大過圖 7 位置，但從成交金額來看大過圖 7，所以判定還有更高點出現，此反彈波轉為回升波。而破前低位置為主力洗盤用。

MACD 空間測幅分析

A 波上漲 22.4 － 15 ＝ 7.4 元

B 波低點 18.45

MACD 空間測幅

A 波 1.8 ／ C 波 0.9

公式 (7.4 × 0.9) ／ 1.8 ＝ 3.7

B 波低點 18.45 ＋ 3.7 ＝ 22.15

預測此 C 波高點為 22.15，股價接近 22.15 時請準備離場

延續上一張圖表。

圖 14

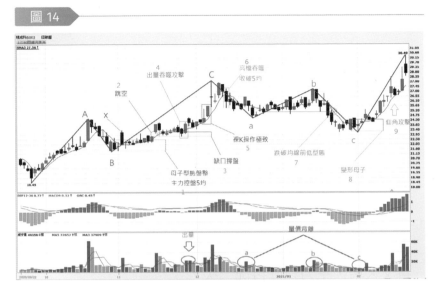

交易日期：2020 年 9 月 25 日至 2021 年 3 月 2 日

· 圖 1——開始進入修正，進入箱型整理，請留意圖 X 位
置，2020 年 11 月 13 日這一天爆出大量，而且是近期大
量；大量 K 棒隱藏的意義很深，雖然我不知主力為何進
場，但它已在場上，之後幾天控盤，都是在這低點位置，
並未收破。這一根就是主力控盤 K 棒，我們當然不可能

在第一時間就看出來，但經過了數天，K 棒演化雛型完成，可確認這就是主力控盤的 K 棒。

以此低點作為主力成本價格，定義為多空分界點；主力在這區間控制得很好，就是都收上 5 均線並沿著 5 均線控盤，這也是主力的控盤手法。

· 圖 2——跳空往上，多方表態，此時回頭看，融資瘦身有成，多方局面應該再起；但這一根 K 棒在收盤後，融資又大增，主力只好再洗一次。

· 圖 3——缺口作為支撐，繼續洗融資，以缺口支撐來控盤。但我們知道主力的控盤成本控制在 11 月 13 日這一天的價格，不跌破之前，多單續留。

· 圖 4——連續二天爆量，作出吞噬攻擊型態，量起價格就動，多方再起，短多重新進場。

· 圖 5——是裸 K 操作的極致，先是一根上影線，空方氣勢強，散戶離場；隔一根吞噬線，多方強勢出擊。這一種組合 K 棒，通常隔天都是開高為主，可作為隔日沖的一種 K 棒型態。

· 圖 6——高檔吞噬，收破 5 均線，多方離場。

· 圖 7——是一個均線型態，破前低，趨勢轉弱，表示還有低點。從圖中這一下跌 a—b—c 波來看，下跌 a—b—c 量價背離，c 波為末跌波，而且整體量能，是 a 波下跌無量、 b 波上漲有量、 c 波下跌無量，確認是多方修正浪，並非是空方修正浪。c 波結束後，價格會再過高一次。

· 圖 8——為變形母子型態，突破母子型態高，多方開始，且站上主力控盤的 5 均線，多方局勢確認無誤。

· 圖 9——仰角攻擊，價格過高，確認下跌 a—b—c 波是多頭修正浪，非空頭修正浪，多方再下一城。

我們發現，圖 A 位置就開始高檔反轉，進入修正預期，這一波修正幅度會大一些，或者整理時間拉長，但從型態上來看，是看不出任何端倪的。

以下這張圖表就可以解釋清楚，為何有些股票就是不漲？即使線形再好、業績再好，股價就是不漲，還跌給你們看，或者盤給你們看！

圖 15

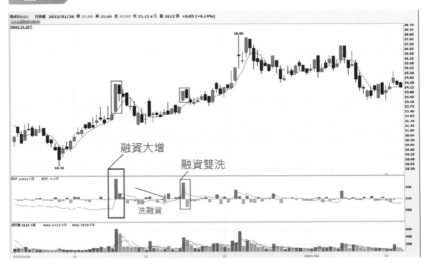

融資大增

融資雙洗

洗融資

2020 年 10 月 21 日與 22 日，從圖中看出，連續 2 日融資分別增加 4,924 張及 1,429 張。對這一檔股票而言，瞬間激增，主力想要拉抬股價，是相對沉重的負擔。

因此主力唯有向下洗盤或者盤整，逼離散戶，讓融資瘦身，股價才有可能回升。因此當你手上的持股，明明線型佳、業績好，為何不漲？回頭去看一下融資是否瞬間激

增，就能知道原因。

對於股市，讀者們要有一個認知，只有少數投資者在其中獲利。想要在股市獲勝，一定要有一套跟大眾認知不一樣的技術，其關鍵就在思維；思維改變，才能在市場上成為贏家。

對於以上二章節的山川戰法之股票實戰解析，我在此作個總結。長線一年作一波股票，不論是熱門股或牛皮股，只要操作方式正確，都有不錯的利潤；若能搭配短線操作，更是游刃有餘。想要成為一個精煉的交易者，要懂得短線操作，更要作長線交易，以確保獲利之穩定。

長線一年一波的股票特性，不論是用型態、或者用均線來應對，它們都有一個共通點：底部出現，通常均線都是先走平、之後破底、再突破前高；這時，成交量就要出現，有量就有價，這是所有金融商品之共通特性。

因此，對於上班無暇盯盤的讀者，你們要做的事就是等待，去尋找對的長線股。至於短線的操作上，型態要搭配量，有時還要注意融資是否在短期內大增，這都是短線操作的要點。

　　另外還要了解主力習性，股票要有主力進駐才會有價格波動，而且這特性絕對跟其他個股的走法不同，唯一的共通點就是成交量，成交量是一切技術分析的根本。當看不懂型態，就把腳步停下，把交易週期 K 棒拉長來看，你會看到不一樣的視野。

　　請讀者們把本書多讀幾遍，你將會有不同的領悟與感受。本書還藏有數個小技巧，也歡迎各位去深入發掘。

08 飆股之選股要件

歡迎來到強者恆強的世界

08 飆股之選股要件
歡迎來到強者恆強的世界

最後這一章，我想從山川戰法出發，提供讀者最實用的選股策略提要。

切記，**股票不是逢低承接，追逐強勢股才是王道。**

20 年前，當我還是股市菜鳥時，我問當時券商的一位王牌營業員，他都是怎麼挑選飆股的？他告訴我，「從漲停板股票，一檔一檔開始挑起。」

當時我不以為然，都已經漲停了，難道不怕隔天跌嗎？直到今日，我才終於明白，他的看法是對的。以往在我們的認知中，長期以來被灌輸「逢低買進」的觀念，以為這才是正確的邏輯。

但在真實的世界裡，這個觀念是錯的。不論是股票市場、期貨市場、甚至商品市場都一樣，當商品火熱的時候，再貴，都有人會吞淚去買；當商品被鄙棄的時候，再便宜，都沒人要買。

正確的股市操作，就是永遠只追逐強勢股。好比愛馬仕這樣的精品，再貴都有人排隊買，因為它是精品中的精品。要買精品，當然就要追逐第一品牌；愛馬仕既是精品中的強者，因此可以保值又增值。

股票也一樣，只追逐最強勢的股票，就是漲停的股票。當你具備了這樣的認知，歡迎進入奧丁領域——贏家的世界。

強者恆強，股市是弱肉強食的世界，想要生存下來，看法就要異於凡人。因為股市只容許強者生存，是「強者獨強」的世界。

以下是最重要的強勢股挑選邏輯：

· 第一，先挑出當日長紅股票。長紅一定伴隨帶量，量是
　先行指標，要有量先價行的基礎概念。

· 第二，過濾型態，只選多頭線型的股票；簡單來說，就
　是日線 20 均線以上的股票，或者出現頂頂高、底底高的
　個股。

· 第三，均量大於 5 均量，表示這檔是有量的股票。

· 第四，籌碼集中度至少 60% 以上。籌碼集中度是大戶籌
　碼 + 董監事籌碼 + 外資籌碼，累加之後的持股比例。試
　問一家高獲利的好公司，大股東會捨得賣嗎？持股 60%
　以上，表示公司前景看好、大股東願意長期持有、籌碼
　穩定以及看好後市。

· 第五，本業獲利的股票，尤其是業績成長、由虧轉盈的

個股最合適。優良的基本面，可保護短線。

· 第六，強勢股必沿著 5 均線上漲，所謂追逐強勢股，便是以此條件為基準。符合此條件者，絕對是短線股標的。

最後提醒讀者們一句話，請保持低調再低調。贏家永遠是屬於少數，不要四處去宣揚，資訊曝光只會引來大眾追逐的目光，伴隨融資增加而來的，就是大洗盤。

奧丁期貨操盤術

技術分析理論『山川戰法』活用於期貨當沖及短波段操作

由淺入深！從基礎技術分析教學到高階實戰操作，讓您有系統的完整學習

　　山川戰法，是一套歷史悠久且經過長時間驗證的正統技術分析理論。本學院將以此戰法作為基礎，針對期貨當沖及短波段做出各種操作變化的應用，從基礎技術分析教學到高階實戰操作，有系統的讓您完整學會。

　　講師能熟練的將此戰法應用於期貨當沖及短波段，並針對上班族投資同學，當沖只做每日10點前較高勝率的區間。同時晚間不定期會在群組討論小道瓊的山川戰法應用，讓操作商品和時間更有彈性。

奧丁 講師介紹

FB超人氣社團「 **期貨討論版~~奧丁期貨操盤術!!!** 」版主，
早期為波段操作者起家，熟悉期貨指數波段操作，近年轉
成當沖與秒沖操作者

學院教學特色

1. 10點前的期貨當沖技巧

2. 短波段的期貨操作策略

3. 完整的山川戰法期貨操作課程

山川戰法 期貨當沖學院 適合的學員

1. 適合小波段的上班族
2. 10點前可看盤的當沖小資族
3. 對於技術分析還不熟悉的朋友
4. 想學完整的山川戰法
5. 還找不到固定方式操作期貨的同學

學院介紹

奧丁期貨操盤術

理財學院

看盤工具	山川波段轉折戰法（免費使用）
每日	盤後稿分析與不定期群組盤中群組討論(台指、小道瓊)
每週	操作檢討和未來一週規劃圖表
每月	山川戰法技術課程，當沖心法、主力籌碼、當沖實戰等課程，共約30堂(學期內可重複觀看，一次學會老師操作技巧)
實體課程	不定期舉辦實體課程，加強同學學習效果

提供 奧丁的山川戰法 及 當沖/籌碼 實體課程 電子檔講義
課前預習課後複習好輕鬆

360天學院會期 售價：32800元

奧丁股票聖典之山川戰法全書

作　　　者／奧丁
美 術 編 輯／申朗創意
責 任 編 輯／吳永佳
企畫選書人／賈俊國

總　編　輯／賈俊國
副 總 編 輯／蘇士尹
編　　　輯／高懿萩
行 銷 企 畫／張莉榮・蕭羽猜、黃欣

發　行　人／何飛鵬
法 律 顧 問／元禾法律事務所王子文律師
出　　　版／布克文化出版事業部
　　　　　　台北市中山區民生東路二段 141 號 8 樓
　　　　　　電話：(02)2500-7008　傳真：(02)2502-7676
　　　　　　Email：sbooker.service@cite.com.tw
發　　　行／英屬蓋曼群島商家庭傳媒股份有限公司城邦分公司
　　　　　　台北市中山區民生東路二段 141 號 2 樓
　　　　　　書虫客服服務專線：(02)2500-7718；2500-7719
　　　　　　24 小時傳真專線：(02)2500-1990；2500-1991
　　　　　　劃撥帳號：19863813；戶名：書虫股份有限公司
　　　　　　讀者服務信箱：service@readingclub.com.tw
香港發行所／城邦（香港）出版集團有限公司
　　　　　　香港灣仔駱克道 193 號東超商業中心 1 樓
　　　　　　電話：+852-2508-6231　　傳真：+852-2578-9337
　　　　　　Email：hkcite@biznetvigator.com
馬新發行所／城邦（馬新）出版集團 Cité (M) Sdn. Bhd.
　　　　　　41, Jalan Radin Anum, Bandar Baru Sri Petaling,
　　　　　　57000 Kuala Lumpur, Malaysia
　　　　　　電話：+603- 9057-8822　　傳真：+603- 9057-6622
　　　　　　Email：cite@cite.com.my
印　　　刷／卡樂彩色製版印刷有限公司
初　　　版／2022 年 5 月
定　　　價／500 元
I S B N ／978-626-7126-17-2
E I S B N ／978-626-7126-18-9（EPUB）

城邦讀書花園
www.cite.com.tw　布克文化　WWW.SBOOKER.COM.TW